meninos guerreiros

Paulo de Tarso Riccordi

meninos guerreiros

NOVELA

2ª edição

Porto Alegre, RS
2023

coragem

© Paulo de Tarso Riccordi, 2022
© Editora Coragem, 2023

A reprodução e propagação sem fins comerciais do conteúdo desta publicação, parcial ou total, não somente é permitida como também é encorajada por nossos editores, desde que citadas as fontes.

www.editoracoragem.com.br
contato@editoracoragem.com.br
(51) 98014.2709

Produção editorial: Thomás Daniel Vieira e Paloma Coitim.
Preparação de texto: Marília Schuch.
Ilustrações da capa: Rafael Martins da Costa.

Porto Alegre, Rio Grande do Sul.
Outono de 2023.

Dados Internacionais de Catalogação na Publicação (CIP)

R494m   Riccordi, Paulo de Tarso
Meninos guerreiros; novela / Paulo de Tarso Riccordi; ilustrações: Rafael Martins da Costa – 2.ed. – Porto Alegre: Coragem, 2023.
196 p.

ISBN: 978-65-85243-04-9

1. Novela – Literatura brasileira. 2. Literatura brasileira. 3. Novela – Literatura gaúcha. 4. Literatura sul-rio-grandense. I. Título.

CDU: 821.134.3(81)-32

Bibliotecária responsável: Jacira Gil Bernardes – CRB 10/463

Em memória de

Paulo Pio Knorr Riccordi
Alcir Juarez Riccordi
Paulo Alcides Brasil de Matos

meu pai e tios, bons leitores, que me leram os
primeiros livros e presentearam dezenas dos
seguintes, contaram e inventaram muitas histórias
e causos e me transmitiram o amor pela leitura e
o prazer da escrita.

Com dor te digo que deves ir com os demais aqueus contra Troia e destruí-la ou deixar teus ossos branqueando na praia. O prolongamento da morte; descontar companheiros dia a dia; absorver a fumaça de carne queimada nas fogueiras; sonhar com rostos desfigurados pela máscara eterna de pó, sangue e ódio. Ódio insano. Por quê? Contra quem? Contra o inimigo. E quem eram nossos inimigos?

Andrés Jorge González, escritor cubano, em **O canto das sereias.**

I ATO

Ouça, meu filho, e aceite o que digo, e você terá vida longa. Apegue-se à instrução, não a abandone; guarde-a bem, pois dela depende a sua vida.

Provérbios 4:10–13.

I

À véspera da chegada, o guerreiro se detém no alto da montanha, antes de descer ao seu vale natal. É final de tarde do último dia da viagem de retorno à casa dos pais. À distância, observa sua terra. Sequer reconhece o que sabe ser propriedade de sua família. Pergunta-se o que fará ali. Por que voltar ao lugar do qual não se sente parte?

Sua gente está fincada no presente, no cotidiano irrecusável, ao que deve ser feito, aconteça o que acontecer, aos deveres impostos pelo próprio ritmo da natureza. Já ele não jogou raízes em lugar algum. Sequer na saudade. Não plantou, não colheu, não criou.

Ulisses acomoda-se à beira do monte onde armou sua barraca para a última noite da viagem. A que lugar pertence? Que casa é sua? Desde que passou a tomar conta de si próprio, poucas vezes dormiu fora de um barracão de campanha; hoje, aqui; ontem, muitos quilômetros atrás; amanhã, aonde Deus permitir e a ausência de inimigos possibilitar. De seu, propriamente, faz pouco tempo que tem essa lona e a rede na qual se estirou, pensando que, de fato, é só o que tem de efetivamente seu e, assim mesmo, é morada sem fundações, sem fixação a solo algum, errante como seus pensamentos e suas memórias.

Na madrugada, olhos fixos nos pontos de luz lá embaixo, revisa sua curta vida: uma meninice tão recente e já tão distante; a família com a qual mal teve tempo de relacionar-se; a comunidade que não conheceu e da qual não assimilou nenhuma norma ou costume.

Na casa paterna, sim, o menino aprendera conceitos muito claros sobre o dever, não como imperativo da honra, mas da necessidade. As coisas que devem ser feitas sem que caibam perguntas ou restrições. Fazer porque é preciso. Lutar ao lado dos Senhores porque é seu dever. Não é preciso perguntar por que matar-morrer por motivos desconhecidos e que não são os seus. Simplesmente porque sim, porque é preciso. Mas, se perguntassem por que lutava, até que encontraria seus motivos: pela manutenção do status do Senhor, pela proteção coletiva que isso é capaz de assegurar, pela graça de permanecerem naquela terra, por lealdade, por camaradagem. E também lutariam por prazer, por ódio, por honra, por macheza, ou porque é o que os patrões esperam de cada um.

Mas, sobre o menino Ulisses ir à guerra, foi uma escolha pessoal. Quis ir, pediu para ir e teve que justificar tal pedido:

— Quero ver como o mundo é.

Queria crescer, Ulisses. Curioso modo, mas o alcançaria mais amplamente do que imaginava, até porque não tinha imagens do que seria o mundo. Assim, partiu, porque, por ele e para ele, era necessário.

Ulisses servira, pré-adolescente ainda, na guerra contra o Paraguai. Descascou muita batata, antes de ser promovido a engraxate, faxineiro do acampamento, mandalete dos oficiais, até chegar a ajudante de ordens de um dos Senhores da Guerra, que o quis como a um filho. Cresceu sob sua proteção, incorporou seus modos, aprendeu a ser como ele, aprendeu a ser ele: a armadura afivelada à sua razão de ser. Com ódio, ou até mesmo gentileza, quando necessário a seu objetivo: vencer.

— E quem são nossos inimigos? — Ulisses perguntou uma primeira e única vez.

— Quaisquer que tenham ideias opostas às nossas.

— E os que não concordam conosco, mas estão conosco contra o inimigo comum?

— Vou te dizer algo cruel, mas disso dependerá tua sobrevivência num comando. Tão logo derrotes esse inimigo, destrói os companheiros de viagem para que, liberados da ocupação de lutar contra aquele, não tenham tempo de fortalecer-se e guerrear contra ti.

— Também os aliados, que não querem acabar conosco, mas apenas têm alguma discordância?

— Se tiverem motivos para não serem dos teus, terão razões suficientes para ser contra ti. Estarão contigo apenas porque temporariamente precisam de ti, da tua força, de teus recursos, de teus apoios. Quando não houver mais necessidade de lutarem juntos, sobrarão apenas os assuntos sobre os quais não têm entendimento. Nunca lhes voltes as costas e golpeia-os tão logo se livrem do inimigo comum. Senão, serás tu quem estará morto. Se ainda não o fizeram é porque ainda não estão suficientemente fortes. Esse, então, é o momento em que deves atacá-los.

— Até os aliados que têm discordâncias circunstanciais? — indagou Ulisses.

— Os que não creem em ti sem questionamentos podem vacilar no momento mais importante. Podem te falhar por suas dúvidas, podem se ausentar por sua falta de lealdade, podem te trair por inveja ou medo. Os que te impedem de vencer favorecem teus inimigos. Trata-os como tal. Destrua-os logo que não mais precises deles. Confia apenas no teu próprio braço e no daqueles que têm somente certezas contigo.

— Aos aliados como aos inimigos?!

— Para que não tenham tempo de transformar-se em inimigos e te façam o que se deve fazer com os inimigos. Preferencialmente, mata-os. É mais fácil e mais seguro. Se por qualquer razão isso não for possível, aprisiona-os sob tuas vistas. Mas tenhas certeza de que estejam ou mortos ou seguramente agrilhoados, para que não tenham meios de reerguer-se em vingança contra ti.

Por fim, o Senhor da Guerra disse:

— Quatro conselhos ainda te darei. Conhece o terreno e sê, tu, quem determina as circunstâncias da batalha. Tem, tu, a primazia do ataque. Elege, tu, teus inimigos, e não o contrário. Jamais ofendas a quem não desejas que te combata e jamais ameaces antes do tempo a quem pretendes combater. A escolha do inimigo, do território, das circunstâncias e do momento do embate são vitais para que venças e não tenhas vida curta. E, por fim, sejas leal e exijas lealdade. A vida de todos dependerá disso.

Ulisses nada mais questionou. O Senhor da Guerra foi quem fez a última pergunta:

— Está claro?

— Está claro.

— Bem-vindo, então. À guerra, pois!

Ulisses viu o mundo de passagem, desde o interior de uma organização em armas, em marcha irrefreável, com a objetividade do movimento tático em direção a um alvo, a grande estratégia orientada pela racionalidade da guerra. O resultado foi sempre destruir algo à sua passagem. A bela casa suavemente pousada em meio a um campo, que atraiu sua atenção na marcha, provavelmente foi posta abaixo. E o casal de velhos, avistados à distância, morto por seu exército. Inobstante o registro mental da estupenda beleza dos lugares por onde passaram, estava marchando, às pressas, sem tempo para a apreciação com os olhos da alma. Ele viu o mundo fragmentariamente, sem um momento de desfrute. Apenas marchava sobre a capital para sitiá-la até sua derrota pela fome, pela peste, pelo fogo, pelo massacre dos poucos sobreviventes.

Nada sobrou para ver, conhecer, aprender. Ulisses fizera-se homem, ou um certo tipo de homem, sem outra cultura senão a bélica, sem outras referências.

Agora voltava à casa paterna.

Naquela madrugada, observando de longe a propriedade da família, dava-se conta de que o único lugar em que realmente lembra de si próprio inocente, de onde lhe vêm as lembranças dele-ele-mesmo, é no colo da mãe e nos ombros do pai.

II

Rato nunca soube de onde viera. Sua lembrança mais antiga não o levava a nenhum outro lugar senão ao galpão, onde dormia sobre sacos de lã de ovelha, fardos de feno, caixotes. Não sabia se algum dia tivera nome; provavelmente nunca, porque a mãe não haveria de o individualizar se teria necessidade de largá-lo tão logo parisse. Alguma outra mulher, talvez empregada da casa grande, o alimentou, mas isso cessou, e logo também perdeu-se na neblina de um passado sem palavras, sem histórias, sem memória. Criou-se pelos cantos de um galpão como um rato, Rato passou a ser chamado. Comia o que os peões deixavam, quando deixavam. Acercava-se da mesa quando todos já haviam raspado seus pratos. Comia em pé, atrás deles, à prudente distância maior que um braço, para que não o alcançasse um tapa de pura malvadeza, das poucas diversões desses adultos, também, eles, sem infância.

Tudo o que ele tinha na vida estava numa caixinha guardada num canto sombrio do galpão onde dormia: um pente, um pião, uma fivela de cinto, um pedaço de pedra de amolar, sua colher, seu garfo. Houve uma moeda antiga e sem valor achada na estrada, mas a roubaram tão logo a exibiu. O mesmo aconteceu com a miniatura de laço que trançou com uma sobra de couro encontrada por aí. Arrancaram de suas mãos o pedaço bonito de costela que a patroa mandou servir à peonada, por suas bodas de prata. Rato aprendeu a começar a comer pelo ovo — o melhor sempre por primeiro, antes que um guloso o tomasse no braço forte. Aprendeu a escolher o pior lugar, caminhar atrás, montar o cavalo que sobrasse. E deixou de trançar couro, porque sempre lhe tomavam. Aprendeu a não poder, a não querer, a não desejar.

Deitado, remoía dor, ódio e vontade de eliminar a tudo e a todos. Quando dormia era assombrado por um pesadelo único e interminável em que era impedido de aproximar-se de algo que intuía ser prazeroso. Na caverna escura daquele galpão, Rato mal dormia, a esperar pela chegada da manhã, que devolveria a percepção das formas e o resgataria do pavor crônico.

Somente muito depois o menino seria salvo dessa vida miserável pela destreza em matar. Crescendo, desenvolveu o talento para a coisa assistindo a peonada carnear ovelhas. À distância, imaginava-se empalmando o pescoço do bicho, enquanto tateava a veia principal, pressionando para que inchasse e, ali, enfiar a lâmina estreita, direto e de uma só vez, apressando a morte.

De tanto observar, uma vez se atreveu a dar um palpite de como fazer de maneira mais fácil, diante da dificuldade dos peões encontrarem a jugular de um carneiro gordo. O capataz se ofendeu e o desafiou, estendendo a faca:

— Então mostra aí, sabichão de merda.

Rato, atrevido, pediu para trocar:

— Essa não é a boa. Melhor a bicuda.

O homem manteve o olhar sobre ele por alguns momentos, depois fez sinal para que alcançassem a faca de perfurar. Agilmente, o menino pulou para o dorso do animal, mantendo-o imobilizado. Ergueu o focinho com firmeza, enquanto apalpava o pescoço em busca da jugular, que apertou por poucos segundos e, ali, enfiou a faquinha. O cordeiro ajoelhou e logo imobilizou-se.

— Pronto.

Assim, Rato pode trocar a penumbra do galpão pela sombra do cinamomo, onde penduravam os animais para carnear, lugar dos especialistas. Há que saber deslizar a faca praticamente paralela ao peritônio, para separar dos esqueletos os vários cortes: as carnes nobres para a mesa dos patrões, os traseiros para os empregados da casa e as extremidades e os miúdos para a *parillada* da peonada do galpão.

Durante mais uma das brincadeiras violentas da peonada, enquanto ele carneava um cordeiro, um dos homens aproximou-se por trás para lhe dar um tranco. Rato voltou-se, assustado, mas o peão assustou-se mais que ele, ao vê-lo de faca em riste.

— Que é isso, piá? Tava brincando...

Mas ele não tivera nenhuma pretensão — tampouco, ainda, coragem suficiente — de ameaçar ninguém. De fato, a faca estava esquecida em sua mão, casualmente apontada para o pescoço do outro. Ele próprio estava apavorado com a possibilidade de levar mais uma surra. Foi o cuidadoso "deixa disso" dos demais que o fez perceber que a mera hipótese de que pudesse atacar alguém impunha o respeito que jamais merecera. Esse singelo acaso possibilitou que a potencialidade de produzir morte finalmente protegesse sua própria vida.

Perceber que sabia e podia matar abrandou seu ódio. Tranquilizava-o saber ser capaz de cessar qualquer ofensa pela simples eliminação do agressor. Isso o dispensou de ter raiva. Podia escolher entre matar ou ignorar àqueles que lhe impuseram dor. Não precisava mais sofrer humilhações. Descobriu seu lugar no mundo de arma em punho. Isso possibilitou que sentasse à roda dos peões no final da tarde, não mais em pé atrás deles. A violência o salvou. Nunca conheceu outro modo de contato humano. Jamais cogitou outra forma de intervir no mundo. A partir de então, ter uma faca ao alcance das mãos não teve outro significado senão ser útil à sua própria sobrevivência e manutenção.

Numa fazenda em tudo assemelhada à anterior, crescia outro menino, indiático, igualmente filho de ninguém e entregue à má sorte. Mirrado, insignificante, invisibilizava-se com facilidade e escapulia para um capão de mato no fundo do campo, aonde ninguém ia, para fugir do trabalho pesado e das porradas dos peões.

— Bugre! — gritavam por ele, mas a criança já não andava por perto.

Quando se via só, afastado das casas, escondido numa clareira do mato, distraía-se com a melodia da passarada, a agitação das folhas altas e o ranger dos troncos, balançados pelo vento. Gostava da mescla de cheiros dos eucaliptos e da bosta seca das vacas, que por ali se enfiavam, fugindo do calor.

Com o tempo, foi percebendo o talento muito especial que trazia consigo. Em vez de exorcizar sua raiva golpeando ramos e esfaqueando troncos, passou a esculpir figuras em galhos mortos. Cada vez mais aprimoradas. Cada vez mais naturalistas. Cada vez mais reconhecíveis. Mantinha-se por um tempo examinando atentamente um galho ou um tronco, seus nós e veios, até que a imagem, como que confiando nele, se mostrasse. Então pegava a faquinha e cuidadosamente retirava o que era excesso.

Recebera o dom de entalhar a figura que quisesse, apenas precisou do tempo, trabalhando sempre e sempre, se desenvolvendo diariamente. Tão mais fácil quanto melhor a lâmina de que dispusesse, produzida de qualquer pedaço de metal, afiado até adquirir o talho de navalha. Na madeira adequada, esculpia rostos com perfeição realística. Mas nunca revelou a ninguém seu talento. Não importava mesmo, ninguém veria nisso qualquer valor que significasse alforria dessa vida desgraçada. Desde que firmara-se nas pernas, trabalhava para os fortes e maiores, numa cadeia interminável de violência e abuso, levado diariamente ao limite das forças, da fome e do frio. Seus entalhes salvaram-no da loucura. Havia troncos na mata que exibiam verdadeiros painéis em alto e baixo relevo, que contavam a vida daquele menino. Neles, ele esculpia os feitos daquela fazenda. Comentava-os e anunciava eventos futuros. Era o coro grego naqueles confins da vida e do continente.

Depois de uma surra, cinzelou num tronco próximo a face do fulano que o agredira, com uma fenda em diagonal de um lado da testa ao maxilar oposto. Não houve peão que não se sentisse incomodado com a semelhança da figura da árvore com o malvado.

— Parece mau agouro — cuspiram no chão e saíram de perto.

Semanas depois, o sujeito apareceu morto, com um afundamento na cara, igualzinho ao da escultura. Teve gente que sentiu como que um vento gelado a lhe descer pela espinha. Correu a história e desde então todos faziam o sinal da cruz quando davam com uma obra dessas no arvoredo. Os homens disparavam, assustados, sem saber a que ou a quem atribuir aquele evidente prenúncio de morte.

Entrou o inverno, veio a primavera, já era quase verão quando, numa árvore, no caminho das tropas, apareceu esculpida a cabeça de outro peão, metida em uma forca, língua de fora, olhos saltados. Acabou o homem. Benzia-se a três por quatro, caminhava com os olhos às costas. Mas, não adiantavam os cuidados, porque não foi uma nem duas vezes que chegou à cama e encontrou uma tábua esculpida com a história dele mesmo enforcado numa árvore, seu cavalo disparando pela estrada. Não dormia. Deu para chorar. Nem bem passaram três semanas, o próprio sujeito pendurou-se com uma corda no pescoço, como no anúncio.

Aí bateu terror na peonada. Tinham medo até mesmo de olhar muito atentamente para os troncos no caminho. Vai que aparecesse outra cara esculpida... Coisa do "Malvado"! Por via das dúvidas, já não saíam sozinhos nem para ir logo ali. Quando um deles, por acaso, viu o bugrinho carregando um galho retorcido transformado em cobra pelas artes com a faquinha, desconfiou do menino, que tentou enrolar:

— Não é verdade, é fantasia, já encontrei o galho retorcido assim — riu amarelo e foi tratando de sumir.

Mas o homem não tirou mais o olho de cima do menino. Tanto o seguiu que encontrou o capão com o arvoredo todo esculpido.

"Foi tu, não fui eu, foi tu sim, não sei de nada, vai confessar ou te mato a pau, não me bata, te arrebento!". E baixou o relho no lombo do bugrinho.

Nem fechou uma semana, apareceu, na cama desse peão, sua imagem em madeira, sem a mão direita. Mais dois dias, está na mangueira, ordenhando vacas na manhã nebulosa, quando viu, por detrás do animal, algo chispar. Sentiu um formigamento na mão e foi agarrado pelos cabelos. Uma voz infantil disse, junto à sua orelha:

— Olha, tua mão caiu no chão.

O peão ergueu o braço e viu que nada havia em sua extremidade, senão uma cascata de sangue. Imobilizou-se. Sentira a pressão de uma faca sobre a garganta.

— A cabeça pode cair também.

— Não me mata.

— Te pedi pra não me bater, mas bateste.

— Não vou bater mais.

— Não vai, mesmo. Tu não tem mais mão pra poder me bater.

— Nem que pudesse faria de novo.

— Tua cabeça pensa muita maldade. Vou cortar fora.

— Não faz isso...

— Tu não vai mais poder correr atrás de mim — já não era uma criança ali. Com um movimento rápido e curto, fez um corte fundo por detrás da perna do peão, que seccionou os tendões, como de boi em matadouro. — Cotó não corre. Agora sou eu que posso te pegar sempre que quiser.

O homem começou a chorar. Bugre pressionou mais a faca, em silêncio. Depois de um tempo, anunciou:

— Tu não pode mais judiar de mim. Vou te largar. Mas arranco tua língua antes, pra tu não falar em mim.

— Eu não conto, não conto. Nem vi nada!

O choro do peão soava como mugido desesperado.

— A não ser que tu fique de boca fechada.

Passaram-se meses de questionamentos, sem que ele contasse como perdera a mão e os movimentos do pé direito. Se enrolara no arame farpado, caíra sobre o próprio facão, escorregara para dentro do rio e alguma coisa abocanhou sua mão. A cada vez a história ficava mais fantástica e o sujeito virou lenda viva naquela região. O Cotó, a quem alguma coisa comera sua mão. Pelo sim, pelo não, por muito tempo a peonada deixou de nadar naquele córrego.

Já o Bugre continuava insignificante, invisível à maioria. O único que o percebia era o Cotó — e para manter-se sempre bem distante.

De quando em vez aparecia alguma árvore esculpida com uma cena de castigo por conta de malvadeza ou violência. Gente que arriara um cavalo a pau acabava derrubada por arame atravessado no caminho, se quebrava todo. Outro, assumiu e acabou casando com a menina que comera à força, depois que uma árvore desabou por cima dele e esmagou uma perna, exatamente como fora esculpido. Virou foguista, servente de cozinheira.

Bateu o terror. Ninguém mais andava sozinho. Nem saía para urinar de madrugada. Tantas mortes e mutilações assustaram os peões, que passaram a admitir que havia alguma mão vingadora, do "Divino" ou do "Maleva", sobre aquela fazenda. O próprio Cotó passou a insinuar que o castigo dos céus, em alguns casos, podia acontecer nessa vida mesmo. Mas havia quem, descobrindo seus talentos com a madeira, suspeitasse que o anjo anunciador fosse o Bugre. E um e mais outro passaram a evitá-lo, ou a cuidar-se quando dele se aproximavam. Assim, o rapazinho foi protegido pelo temor que infligia.

III

Apesar de há muito tempo fazer trabalhos de adultos, Rato ainda era imberbe quando soube que preparavam uma guerra e que os Senhores buscavam gente para acompanhá-los. Decidiu se oferecer. Madrugada ainda escura, pegou sua caixinha de pertences e enrolou o pouco que tinha em um trapo e abandonou o lugar onde vivera sua curta vida.

Bugre também ouviu falar que se preparava peleia grossa e que alguns estancieiros graúdos estavam arregimentando sua gente para acompanhá-los. Era coisa da política, mas o menino não viu nenhum outro significado senão a possibilidade de engajar-se, para escapar de seu destino miserável. Não haveria de encontrar nas guerras mais sofrimento e violência do que já sofrera.

Rato caminhou sem parar, até o sol levantar. Então, sentou-se no barranco à beira da estrada para o desjejum com as quatro bolachas secas que havia poupado. Quando ergueu os olhos da merenda, viu alguém vindo à distância. Desembainhou a faca, a deixou à mão e continuou mastigando, devagar, para render. Ao terminar de comer já era possível distinguir a figura que se aproximava: um menino magrela e maltrapilho como ele, pés descalços, carregando uma trouxinha como bagagem. Sem que soubesse de algum nome que o identificasse, apresentou-se com o apelido dado pelos peões: Bugre. Tinha o mesmo objetivo que Rato.

Caminharam dois dias até a sede revoltosa mais próxima. Durante o percurso tiveram tempo para trocar mais palavras do que haviam pronunciado em toda vida. Conversavam, identificavam-se. Não tinham saído em busca da linha do horizonte, nem para ampliar seu mundo, tampouco caminhavam atrás de um sonho. Seguiam, apenas, uma tênue intuição de que em algum outro lugar haveria emprego para seus trabalhos com facas, num grupo onde o ofício de um homem, competentemente exercido, fosse suficiente para classificá-lo.

Ao encarregado de arrebanhar peões avulsos para transformá-los em tropa, esses dois meninos pareceram adequados — órfãos ou abandonados, dá no mesmo, não tinham ninguém por si, sem parentes a indenizar pela eventual morte, sem outros meios de alimentarem-se senão cumprindo fielmente as ordens recebidas, sem imaginação para seguirem outros rumos senão aqueles apontados pelo superior imediato. Ambos já sabiam que sua força passara a alimentá-los. Mas logo aprenderiam que ela teria pouca valia se não estivesse a serviço de algo ou de alguém.

Quando foram incorporados a um dos batalhões que seguiram para as guerras do Sul, sentiram-se finalmente desvinculados de seus passados. Intuíam que começavam a viver, por fim. Viram-se dentro de uma organização que respeitava e protegia os seus e a maioria tratava-se por camarada. Seus apelidos já não significavam depreciação. Seu valor era dado pela capacidade de todos e cada um contarem com os demais para protegerem suas vidas em uma trincheira ou em uma carga.

Rato olhou para Bugre e sorriu:

— O único dever que teremos aqui será a obrigação à disciplina e à lealdade. O resto é a guerra.

À tropa, foram gratos e fiéis. Continuavam a não decidir nada por si próprios, mas o tratamento era justo e as ordens tinham sentido. Aprenderam a jamais desconsiderar a hierarquia. Antes deles estão todos os chefes de grupo, os capatazes, os líderes, os patrões, os Senhores, a igreja, como uma superposição de muitos mandantes, a lembrar-lhes o que há acima de sua pequenez.

Já para Ulisses, com casa e família, as razões de seu alistamento foram outras.

Na fila da circunscrição, o sujeito examinou Ulisses de cima a baixo.

— Que idade tens?

— Treze.

— Teu pai te mandou aqui?

— Não, senhor.

— O patrão dele te mandou?

— Não, senhor.

— Teu pai tem dívidas aqui?

— Acho que não, senhor.

— Então, por que queres te alistar?

— Quero ir pra guerra.

— O que tu queres com a guerra?

— Quero sair pelo mundo.

— Tu pode é morrer!

— Quero ver como o mundo é.

O velho soldado balançou a cabeça, conformado. Já vira muita carne nova despedaçada na primeira carga de infantaria.

— Tu que sabes... Se tens alguma coisa de valor contigo, deixa naquela caixa ali.

Os garotos quase não acreditavam em como a vida pode mudar tão radicalmente. Passaram a ser parte de um grupo, que os reconhecia e respeitava. Essa percepção de si mesmos, a partir do olhar externo dos demais, deu-lhes a tranquilidade que nunca tiveram. Sem saudade da terra deixada às suas costas, abandonada ao passado. Tinham agora outra vida a aprender. Foram conhecendo os Senhores da Guerra, seus oficiais imediatos, os subalternos e toda a cadeia de mando que escorria até àqueles que, na ponta exterior dos batalhões, eram os primeiros a sentir a ardência do ferro e do chumbo a lhes romper as carnes. Aprenderam mais com os soldados velhos, cabos e sargentos, que os ensinaram a dissimular, a enganar, a mentir, a corromper, e, principalmente, a nunca aparentar ter dúvidas em relação às opiniões, decisões e ordens de qualquer superior.

Com o tempo, até mesmo esses néscios perceberam que o temor as suas armas provocava cuidados e respeito nos outros. Livraram-se do medo de homem desde que tiveram força para aguentar o tranco do primeiro trabuco que atravessaram à cintura. Perceberam o poder da ameaça potencial que eles próprios eram, sem pretender ser. E, cada qual a seu modo, aprenderam a valer-se do medo que inspiravam. Agora sabiam como e quando era oportuno serem temidos.

O único objetivo de suas vidas passou a ser a guerra, que a maioria não pôde escolher e da qual não se beneficiou. Não fora uma escolha política ou ideológica, ninguém entre eles entendia de repúblicas ou monarquias. Mas aquele era o trabalho que os alimentava, protegia e lhes dava identidade, um lugar, seu grupo, códigos morais e éticos de lealdade, fidelidade e de conduta.

Os entalhes em madeira do Bugre agora serviam apenas para seu relaxamento e prazer. E Rato voltara a fazer trançados em couro. Em horários livres, fez um par de rédeas para si e logo estava atendendo a demandas até dos oficiais. Num calendário pendurado em algum galpão, Rato vira a imagem mais comovente de sua vida:

uma mulher amparando, em seu regaço, o filho morto. O abandono do finado e a dor dessa mãe, o amor dali transbordante, desconhecido por ele, o comoveram e o levaram às lágrimas. Para presentear o amigo, Bugre retomou a faquinha curta e, num pedaço de madeira branca, esculpiu a Madona e o Cristinho seminu.

IV

No frescor da manhã, Ulisses chegou à casa.

O silêncio no caminho, apesar de todas as janelas abertas, indicava crianças já na escola, maridos na roça, mulheres na horta e velhos no pátio. O sol, ainda baixo, filtrado pelas árvores da rua, jogava luz sobre o portãozinho da casa caiada, numa ruazinha de chão batido.

As azaleias da mãe conduziam os visitantes diretamente à varanda. A meio caminho as plantas se abriam a outra via, que levava os de casa à porta da cozinha, por detrás do prédio. Não se perguntou porquê, Ulisses bateu à porta principal e esperou, como qualquer visitante, junto à cadeira de palha que desde sempre imperara sob o alpendre. Longa espera. Lá dentro, tosse, arrastar de chinelos. O pai assoma. Porta entreaberta, ambos se olham em silêncio. Havia muito tempo desde a última vez. E muitas mudanças físicas a se habituarem. Ao primeiro olhar, ao pai parecia ver retomado seu irmão, morto aos 19 anos. Permaneceram parados sob o umbral, cada qual imerso nos pensamentos que a imagem do outro evocava.

Alertada pelo silêncio do marido, a mãe veio da cozinha. Intuiu que era o filho retornado, antes mesmo de vê-lo. Chegando por trás, afastou o marido. Deparou-se com o rapaz e o puxou para si, apertando-o ao peito que o criou. Um abraço intenso, emocionado, como quem acolhe sua cria depois de um susto. Salvo, agora protegido, depois dos perigos. No ninho. Todos esses anos eu te esperei, cada dia eu te esperei, todas as manhãs despertei pronta para a tua chegada, filho da minha carne, alma minha. Depois distanciou-se um pouco, segurando-o pelas mãos para examinar-lhe o rosto, a roupa. Era o seu menino, com o mesmo sorriso encabulado.

— Vem tomar teu café — não precisava perguntar se comera. Sem que ela ordenasse, ele jamais faria o desjejum. Como tampouco pentearia o cabelo. — Te penteia e lava as mãos, que vou servir o pão que recém tirei do forno.

A mãe esperara esse filho todos os dias. Pedaço de si, não importa se próximo ou distante. Em sua ausência, transferido para seu pensamento. Se longe dos olhos, ela trabalhava para quando ele chegasse. O pão sovado e assado à tarde o esperava à volta da escola. A cama arrumada cedo para que ele a desarrumasse à noite e ela voltasse a ajeitá-la pela manhã. Preparar para comer, lavar para sujar, arrumar para desfazer, deixar ir para esperar voltar, criar para perder. A mãe para proteger, o pai para prover. Mas ensinou-lhe muitas coisas que nele se tornaram permanentes e que talvez algum dia se incorporassem também à personalidade dos netos.

Era esse filho que vinha para seu regaço nos finais de tarde, na cadeira do alpendre. Enquanto o sol descia para detrás do cerro, ele relaxava dos cansaços do dia e dormitava, a cabeça em seu peito, os bracinhos em seus ombros, o cheirinho azedo das correrias e brincadeiras do dia, esse perfume de criança, guardado na memória.

Agora, observando-os à mesa, surpreso, Ulisses percebe que os pais são menos idosos do que pensava. Nunca saíram desse vilarejo. Cheios de ingenuidade em relação ao mundo exterior, que não conhecem, e sem outra experiência que não as de seu cotidiano rural. O filho retornado já vivenciou em oito anos muito mais experiências do que eles terão em suas longas vidas.

Intimidado, o pai o trata com os cuidados e a deferência devidos a uma visita. Mas, para a mãe, nada disso significa qualquer outra coisa senão que ele escapara ao abraço da morte. Seu filho estava novamente diante dela. Vivo. Sorrindo.

E ela se sentia no dever de servir, adoçar e mexer seu café. Às amigas, ela dizia que até o açúcar o filho gostava que fosse ela quem servisse. Mesmo depois de tanto tempo fora, nunca deixaria de necessitar dela. Mães necessitam que os filhos esperem que elas os alimentem na boca. A de Ulisses não seria exceção.

Ulisses foi o único a ter saído dali. Todas as pessoas nasciam e morriam naquele povoado. Lá não havia nenhum desconhecido, nunca houve. E, fora ele, nunca faltara ninguém na hipotética contagem dos presentes ao pôr do sol. Não havia proibição, impedimento ou constrangimento, nenhuma barreira militar, empecilho cultural, limitação ética ou étnica a que se saísse dali, a que alguém abandonasse o lugar. Mas isso era impensável. A ninguém ocorrera nem a ideia, nem a vontade, nem a necessidade de tal coisa. O pai de Ulisses nascera naquela casa, onde o pai dele crescera e morrera, assim como o pai deste e o avô, o construtor. Até mesmo as pedras utilizadas na construção eram daquele mesmo terreno. Foram retiradas do subsolo a pouca distância pelos homens da família para erguer as paredes de meia braça de largura, de pedras de diferentes formas e tamanhos, ligadas por uma pasta de argila, pó de ossos e gordura de animais daquela mesma propriedade. Grossas e sólidas para resistir aos séculos, porque ninguém cogitava a hipótese de algum dia ela não abrigar aquele clã. Ninguém suporia aquelas casas mudando de proprietários. Cada família ali estaria para todo o sempre. Para a eternidade de cada sobrenome amalgamado àqueles prédios. Estava perdida na memória, ausente das narrativas, apagada pelo tempo, a época em que aquelas famílias haviam chegado e ali se estabelecido. Era como se o mundo tivesse sido criado já com esses habitantes locais.

Ainda que retornado, Ulisses vivera fora, estivera desligado daquela terra. O diferente. O raro.

Às suas costas, perguntavam: por que ocorre a alguém deixar sua terra? Como desenraizar-se e buscar novos sóis, novos ares? Como desresponsabilizar-se do quê e de quem ficou? Que loucura é essa que leva a atravessar o mundo atrás do que sequer sabe se existe? O que o lança a aventuras que não imagina quais serão, nem aonde o levarão, ou o que colherá? Que volúpia é essa que o lança ao desconhecido? De quantos prazeres desfrutará nesse permanente abandonar e recomeçar? O que encontrará de tão recompensador que justifique tantas renúncias?

Ah, estranha figura com a qual não posso contar!

Se confrontado, Ulisses diria que só quem não navegou desconhece a dimensão da terra, o quanto há para ver. Só quem nunca correu não sentiu o prazer do vento no rosto. Quem empinou pipa sabe que há sustentação no ar e aí há motivo para querer subir.

Mas os que ficaram enraizados na terra poderiam retrucar: as paredes dessas casas só aparentemente nos retêm. Aqui se cresce para dentro. Só quem tem os ouvidos cerrados não apreenderá a beleza de uma conversa que se alonga e se renova em pequenas nuanças ao longo dos tempos, produzindo música. A perenidade proporciona o sentido das variações e das mudanças sutis que melhoram a cada repetição, a cada safra. A cada dia eu percebo novas possibilidades através das muitas maneiras de fazer algo ainda impensado, a partir das mesmas coisas. Novos instrumentos, novos modos, é um recriar permanente. Tudo se renova. O microcosmo repete o universo. Tu viajas para fora, eu viajo para dentro, mas percorremos a mesma distância de nosso centro, estejas certo.

Um amigo, chamado Augusto, uma vez disse a Ulisses: "estamos diante de dois mundos maravilhosos: o mundo da existência real e o mundo da criatividade humana".

V

Nesses anos todos, o pai teve que tocar o trabalho, conseguir ajudantes baratos que substituíssem provisoriamente o filho. Houve muito com que se preocupar e raramente sua lembrança o buscava. O mantivera fora de seu cotidiano. Foi como uma imagem que vai se desbotando no papel ao sol. Por que atormentar-se inutilmente? Estava fora de seu poder trazê-lo de volta. Pensar nele seria cogitar de sua segurança, dos riscos de vida em meio à guerra. Isso somente lhe produziria dor. Se sobrevivesse, quando fosse a hora o menino voltaria e ocuparia seu lugar. Então, era tocar a vida, que as rotinas não param de apresentar-se, sempre e sempre o mesmo, e novamente no dia seguinte, sem nunca permitir que se diga: "pronto, essa coisa nunca mais". Mas não será assim. Tudo continuará voltando. O máximo permitido é registrar: deu, por hoje. Quando o filho voltasse, as coisas continuariam a acontecer na mesma época do ano, na mesma ordem, exigindo o mesmo esforço para as mesmas tarefas, nos mesmos horários. Quando ele chegasse, talvez então pudessem mudar algo na distribuição do trabalho — mas não o trabalho em si, não o que fazer, não o dever. Antes disso, seria desperdício de tempo pensar em hipóteses. Se o menino voltasse da guerra, então tratariam do assunto.

Mas pensava nele, sim. À noite, já deitados, sua ausência vinha aninhar-se entre os pais, no opressivo silêncio do quarto. Eles sentiam esse vão em sua vida. Constrangidos, já mal se falavam, por muito temor do que poderia ser dito. Não se olhavam por medo de enxergar os pensamentos um do outro. Nem se tocavam. Sem dizer, sem formular, sem expressar, era como se sentissem a impossibilidade da alegria e do prazer frente à hipótese de um filho morto. Se algum dia houve amor ou desejo entre eles, estes também partiram pelo portãozinho que Ulisses deixou aberto à sua passagem. E por lá se foram as conversas do casal.

Agora, o filho estava ali. Para o pai foi mais difícil acostumar-se àquela pessoa que era, mas não parecia, seu filho. Já não sabia como tratar com ele. Nem no físico, nem nas atitudes e hábitos se parecia com o jovenzinho que saíra de casa para ir à guerra. O primeiro que estranhou foi a mão, que já não cabia na sua. Ficara enorme como ele próprio, angulosa, e nela se podia suspeitar o cheiro de graxa, pólvora e sangue. Seu menino já não era visível no corpo daquele guerreiro. Como é que se faz agora? Sorriso sem jeito. Como beijar um homem de barba na cara? No abraço já não se achegavam, mãos limitadas aos antebraços.

A dificuldade também se manifestava nas tentativas de conversa. É possível dar conselhos a alguém que já viajou mais longe do que você, que já viu mais gente, que já enfrentou maiores adversidades e foi testado nos limites mais extremos? Como lhe dizer: "faz isso, faz aquilo"? Os intentos de conversa caíam entre eles como bola quadrada. O que será que pensa esse sujeito monossilábico à sua frente?

O pai sentia-se embaraçado. Havia um motivo não expresso, que talvez Ulisses não registrasse, mas o velho, sim. Convocado pelo Senhor local, ele pediu dispensa sob o argumento de que homem pobre não dispunha de outros braços para manter sua terra produzindo. A família morreria de fome se a abandonasse sem renda e sem gente para plantar e defendê-la. Muito justo. Por isso foi liberado. Ademais, a ida do menino à guerra, por vontade própria, liberara o pai de fazê-lo. Mas era a si próprio que não convencia. Tudo o que ensinara e o filho havia acreditado eram palavras insinceras. O fato é que havia temido por sua própria vida. Assumir sua covardia o fez um homem silencioso e arredio.

Agora defrontava-se diariamente com a coragem do filho.

VI

Ao findar da guerra, os Senhores desembarcaram suas tropas e as despediram nas praças, nos portos, com discursos, abraços, o último soldo e uma pequena bonificação.

Os políticos, os fazendeiros e sua gente retornaram aos seus lugares e afazeres. Haviam guerreado, mandado matar, mas depois assinaram a paz entre eles e voltaram para suas fazendas e clubes, onde conviviam como vizinhos e consorciados.

Os agregados, meeiros, suseranos, devedores e empregados dos Senhores voltaram à sua órbita.

Os mortos morreram. Os mutilados — ai deles! — foram indenizados com papéis que virariam precatórios que jamais seriam pagos.

Os avulsos, deserdados, falidos, miseráveis urbanos que tinham se alistado em troca de comida, voltaram às praças e portas de cafés, reassumindo o posto como pedintes e cuspidores de calçadas, portando atestado de ex-combatentes.

E havia os meninos, mandaletes, estafetas, serviçais, ajudantes que se tornaram adultos entre as batalhas. Dos que tinham família, a maioria retornou para casa. Mas houve vários que, por não terem nenhum lugar de seu ou não desejarem voltar, permaneceram vagando.

Órfãos ou enjeitados, não tinham ninguém por si, senão seu braço, e assim mesmo de pouca valia quando não estavam a serviço de alguém. Haviam se criado dependendo das sobras de outros, moldando-se às suas vontades e humores para terem o que comer nesse dia, rezando para que no próximo recebessem algum mandado a cumprir, algum gado a tropeirar, em troca de mais uma noite alimentados e abrigados sob um telheiro. Estes se viram de volta à sua situação original, tão logo terminaram os discursos e o clarim tocou o fora de forma.[1] Um mês e pouco depois, o bônus que haviam recebido dos comandantes já tinha sido comido e bebido.

Vagando de cidade em cidade em busca de trabalho, Alfredo encontrou Bernardo, que havia falado com Luciano, que vira Onofre, que ouvira notícias de Bugre e Rato. Passaram a zanzar em grupo. Nenhum tinha qualquer experiência além do que aprendera na guerra, de pouca utilidade em cidades ou fazendas. Mas, apesar de pouco comerem, andavam felizes, rindo uns para os outros, trocando abraços, tapinhas às costas, perguntando o que andaram fazendo nesse período de desgarramento; conversas e brincadeiras de camaradas que se gostam e sentiam falta de suas companhias.

Numa dessas encontraram Aureliano, que participara com eles da guerra. Após a desmobilização, soube que sua mãe morrera e foi procurar sua madrinha, viúva rica.

---

1   "Tocar o fora de forma" é uma ordem de dispersão (N. dos E.).

Porém, nesses anos ela fora expropriada pelo desonesto administrador de suas fazendas. A mulher viu sua fortuna ser reduzida a uma chácara e a casa onde vivia, na cidade, que provavelmente logo seriam vendidas para pagamento de honorários de advogados incompetentes e custas judiciais de recursos perdidos.

A Aureliano ocorreu que o grupo poderia ajudar a madrinha a recuperar as propriedades. E combinou um encontro com ela.

— O administrador de minhas posses passou anos me roubando, depois que viuvei. Perdi as cinco fazendas que herdei de meu pai e de meu marido. O canalha conseguiu passar todas para seu nome. Tudo dentro da lei, disse o juiz. Já não tenho a quem recorrer. Estou desesperada e à beira da miséria total — lamentava a madrinha.

— O que eu sugeri à madrinha é que vocês – nós, eu irei junto – façam o administrador devolver tudo o que roubou dela.

Bem alimentados, vestidos e armados pela viúva, os rapazes esporearam os cavalos e se puseram a caminho para fazer o que sabiam.

Em alguns dias, voltaram com os papéis pelos quais o ex-administrador transferia, à viúva, cinco fazendas, com suas edificações, mobiliário e baixelas, 10.346 bovinos, 13.187 ovinos, 162 equinos, bolsas de lã, couros curtidos e a curtir, ferramentas, equipamentos e máquinas agrícolas e a safra já colhida.

— Ele concordou em assinar isso?!

— É a letra dele.

— Como foi que ele aceitou?

— Não sei, ele está momentaneamente sem poder falar...

Mas a viúva, esta sim, contou o milagre e o nome do santo em sua roda de relacionamentos, no chá, no bridge[2], na saída da missa. Desse modo, com a divulgação boca a boca, os rapazes se estabeleceram em um novo ramo de negócios.

Em poucas semanas, o dinheiro do último ataque se ia, e a necessidade se renovava. Precisavam de renda. Mas jamais haviam tido qualquer ofício que não o de soldados. Uma horda treinada para produzir destruição e morte, à solta pelo continente, sem objetivo, sem rumo, sem cabeça. Braços disponibilizados para quaisquer empresas em que a força fosse o instrumento.

Desde que foram dispensados por seus Senhores no cais, a comida do dia seguinte havia sido incluída no rol de suas preocupações. E esse singelo fato os fazia absolutamente pragmáticos em relação ao seu ofício. Foram, assim, utilizados por quem quisesse pagá-los, agora tão mais perigosos porque não mais sujeitados pelo coman-

---

2   Bridge é um sofisticado jogo de cartas que utiliza mecânica de leilão e de vazas, jogado por dois pares de jogadores e com as 52 cartas de um baralho (N dos E.).

do dos Senhores da Guerra, que os hierarquizavam para a ação anônima.

Já não tinha, acima deles, ninguém, senhores de suas próprias possibilidades. Só abaixo: os inimigos de quem lhes pagassem ou alimentassem. Agora atuando em grupo, ainda possuíam a vantagem de não terem comandantes nem hierarquias.

Uma quadrilha aética, empregada para a violência. Passaram a vender sua força de trabalho bélica acriticamente. Faziam o trabalho sem comprometimento ou culpa. Recebiam o dinheiro e partiam. Eram pagos para cobrar dívidas, reaver bens, desocupar propriedades mal havidas, aplicar corretivos, executar vinganças, desequilibrar disputas por espaços políticos paroquiais. Normalmente, trabalho fácil. Bastava o galope acelerado para apavorar e acabar com qualquer resistência, sem necessidade de grandes artes e sofisticações. Batiam em quem não conheciam, atiravam para assustar a quem outros escolhiam, tocaiavam desafetos dos contratantes, eventualmente matavam, sem ódio e sem perguntas, a mando de quem não queria sujar-se de sangue. Transformaram-se em assaltantes circunstanciais, guarda-costas, bate-paus, jagunços. À medida em que se tornavam conhecidos, chegavam-lhes contratos para lutar aqui ou ali, em pequenas peleias regionais ou brigas locais. Atendiam a contratos sem paixões e, entre um e outro, realizavam trabalhinhos por conta própria.

O que existia agora era essa horda disponível, incontrolável pelos próprios contratantes porque já não havia comandantes, a ameaça da punição limitadora, a autoridade a assumir responsabilidades e culpas, tampouco o discurso emulador. Sicários a temer ou a contratar.

VII

Por vários dias, os pais, parentes, amigos e visitantes acorreram para ouvir as histórias do guerreiro, em torno da mesa. Aventuras incríveis para esses ouvintes rurais de vida circular em um só sítio. Lugares aonde nunca irão, caminhantes de apenas uma jornada, presos que estão à necessidade de voltar ao fim do dia para alimentar o gado.

Em pouco tempo já minguava a plateia de Ulisses. Suas aventuras e os lugares que viu só serviam como histórias curiosas para fazer passar o tempo após o jantar, sem qualquer utilidade para essa gente pacata. Restam-lhe apenas alguns meninos, que o vêm ver diariamente. O tratam como herói, querem que lhes conte suas aventuras, histórias de bravura. Mas ele sabe, só ele sabe, que não havia muito de bravura em seu ofício. Apenas é algo que deve ser feito, por alguma razão que não foram os de baixo quem determinou.

— Os únicos que tinham motivos próprios para guerrear eram os escravos. Lutavam por sua liberdade. Foram para a guerra para comprar a posse de suas vidas. Tinham razões para matar e para não morrer. Pelearam para chegar vivos ao final e serem libertados. Mas lhes mentiram.

Não há heroísmo em matar. Ao contrário, sobra o ódio, a cobiça, a xenofobia, a covardia.

— Principalmente porque se mata por medo. Mata-se para não morrer. Luta-se para sobreviver a esse dia e começar o próximo a partir disso. Não há glória nisso — diz Ulisses aos meninos, que não levam em conta essa parte.

Ele sabe disso, mas não os meninos e os jovens que o cercam. Pedem-lhe que narre mais, mas ele se cala. Não os alimenta dessa fantasia e sabe seu próprio tamanho. Não era ele quem decidia por seu braço. Não enxergava nem o horizonte, nem quem, nem o quê havia lá e que talvez fosse o que determina as guerras.

Porém, sorri quando o elogiam. Não alimenta, mas tampouco nega as fantasias do círculo de admiradores. Sua sinceridade não lhe permite animá-las, mas a descoberta desse novo prazer o impede de lhes cerrar o sorriso. Aprendeu a gostar desse equívoco. Descobriu o agrado da atenção. Mais adiante, fará coisas apenas para confirmar, para ajustar-se à imagem que dele fazem os meninos. Maneja a espada diante deles, monta e desmonta uma arma de fogo de olhos vendados, vence duplas e trios no braço de ferro, ergue um poste acima de sua cabeça, abate uma caça com um tiro a 200 metros de distância, faz calar o valentão local.

Ulisses é o mais vivido, mas não o mais maduro. Percebe que seus prazeres e suas artes interessam apenas aos adolescentes. Sabe que permanece, em muito, o menino que era antes de partir. A guerra não lhe permitiu desenvolver-se. Viu mundos, mas não os viveu. Produziu morte, mas ainda não desfrutou da vida. Amadureceu somente naquilo que lhe era necessário à sua sobrevivência no meio em que estava. O universo das relações humanas ainda é um mistério para ele e precisa começar lá de trás. Não teve turma, não teve amigos, com quem se aprende as coisas da vida e com quem se troca dúvidas. Como saiu cedo de sua vila, não viveu essa etapa de formação. O que ele teve foram os camaradas de trincheira. Aqueles com quem compartilhou o medo, o risco da morte zunindo sobre suas cabeças, um dependendo totalmente do outro. E nessas circunstâncias não importa o que ele pensa, quais suas convicções, nada. A estes, que se presumem homens completos porque dispõem do poder de vida e morte, não se pode confessar certas ignorâncias, certas curiosidades, certos temores. Os camaradas protegem a tua vida, mas não te ajudam a viver.

E, agora, esse menino-homem está aí, fora do tempo, descompassado. A quem perguntará o que conversar com uma menina, uma vez que, por óbvio, percebe que seus assuntos não a interessariam? Quem o ensinará a dançar? Sem antigos amigos, não tem códigos em comum com ninguém, com nenhuma turma. Nos grupos a que o convidam, não conhece as histórias, não conhece os personagens, não sabe das referências e das relações internas. Fica assistindo, não consegue acompanhar as conversas. Não tem o código, perdeu a piada.

Foi à festa do padroeiro da comunidade. Toda a vila estava lá. Em cada mesa, presidida pelo patriarca ou pela matriarca, as famílias reunidas para o almoço. As gracinhas do animador dos festejos, a homenagem à mãe mais idosa, à com maior número de filhos presentes, ao avô com maior descendência. A mãe de Ulisses não tinha como ganhar nem um desses prêmios, mas considerava-se contemplada por ter o filho à mesa, de mãos dadas com ela.

Normalmente, meia hora depois de terminada a sobremesa, os adultos iriam para casa sestear, deixando os filhos solteiros para dançar. Mas, nesse domingo, não. Ficaram as mães, avós e madrinhas. Antes de sair de casa, as meninas tinham sido advertidas quanto a Ulisses. Queriam ter a certeza de que haviam compreendido que ele não era um "bom partido". E, como em qualquer lugar há quem tenha instinto para aventuras, pelo sim, pelo não, as famílias decidiram montar guarda.

Para todo mundo, os últimos oito anos passaram voando. Oito anos é anteontem, ninguém notou esse espaço entre o então e o agora. São todos as mesmas pessoas, nos mesmos lugares, fazendo as mesmas coisas. No máximo entraram na vida mais algumas crianças e, no mundo do trabalho, escassa dúzia e meia de meninos da classe de Ulisses. O tempo realmente mudou somente para as meninas daquela turma, já transformadas em matronas, em nada diferenciadas das mães e avós, a repetir as mesmas tarefas, nos mesmos locais.

Ulisses percebeu que isso se constituía em mais um problema. Embora solteiro e ainda jovem, todos de sua geração já estavam casados e ele é um tanto mais velho que as garotas excitadas no salão, há pouco saídas da infância, mas culturalmente já habilitadas a buscar companhia para só a morte separá-los. A seleção natural e os bons costumes recomendam que nenhuma se arrisque a apaixonar-se por esse nômade que não tem talentos para produzir o necessário para sustentar mulher e filhos. Todas alegres, coquetes, insinuando os corpos aptos à reprodução, jogando iscas para seus eleitos.

Se alguma o quisesse, os pais, avós, irmãos e primos o matariam por isso; seria menos letal que ele se aquietasse no balcão do bar, distante do baile. Ninguém a olhá-lo e dar sinais de que um convite seu seria bem-recebido. Tornaria-se transparente à festa às suas costas. Ninguém para querer, ninguém para permitir-lhe o sabor dos lábios provar, nenhum motivo para derramar seu sangue por honra.

Se alguma delas desejasse Ulisses, nenhum sinal daria ao próprio coração para que este não a traia, o olhar não vacile e o busque, contra todas as ordens familiares. Essa jovem, que eventualmente o possa querer, não o admitirá nem a si mesma, porque já há na vila alguém que a espera desposar, jovem bom, marido exemplar, pai extremoso dos filhos que gerar. Produzirá o alimento que hão de comer, irá beijá-los a cada dia de suas vidas, não terá nenhum outro projeto senão manter as crianças e a ela, sua esposa. Cada uma delas sabe disso e não se enganará sobre quem há de ser o homem de quem precisa. Mas, também, nenhuma se enganaria sobre quem seja aquele que as faria dançar bailes impensados e assegurar-lhes os gozos desejados e os inesperados, embora também as condenasse à espera e ao luto presumido pelo resto de seus dias. Melhor esperar um homem de bem do que uma paixão de verdade.

Interditado nesse mercado reprodutivo-familiar, Ulisses se aquieta por detrás dos grupos, sem tentar atrair ninguém. Não tem os valores indispensáveis à lógica daquela festa. Por isso, bebe sozinho no balcão, sem inspirar vulcões de paixões e temores. Dele, só se aproximam os meninos, a lhe pedir que exiba os músculos.

— Virei fera de circo...

VIII

Dentre os que se incorporaram ao exército por dívida da família, seguiram dois irmãos. Conta grande, das que se perde a honra e entrega as filhas, quem as tem. O pai, esse, só gerara homens, para o bem da menina que não existiu. Um, recém entrado na adolescência, o outro, com um ano e meio a mais. Um batizado como Miguel, o outro, Rafael.

Os garotos recém haviam deitado, quando foram alertados pela algazarra fora da casa. Pareciam vir, do galpão, vozes masculinas, ríspidas; de quando em quando uma terceira voz, mais baixa. E, então, barulhos de coisas caindo e o choro de mulher. A mãe! Saltaram da cama e saíram noite adentro. Penduraram-se em uma janela e viram seus pais entre dois gigantes bem armados. Ferramentas de trabalho e caixas de legumes jogadas no chão.

— É o segundo mês que vocês não pagam nada. O patrão é um homem bom, mas esgotou sua paciência.

— A seca foi longa, colhemos muito pouco!

— Vamos levar o que tiverem. O resto, vocês tratem de botar em dia rapidinho, porque essa dívida só faz aumentar.

— Deixem pelo menos um pouco de comida. Temos os meninos pra alimentar.

— Vocês conhecem o contrato. Primeiro a parte do patrão. Mas vocês preferiram comer a parte dele e deixaram de pagar. Têm até o final do mês pra entregar o que está atrasado — e deram uma bofetada no homem para indicar qual é a hierarquia. Devedores vêm depois dos cachorros.

A mãe notou o movimento no portão do galpão e viu os filhos, que empunhavam facão e gadanho, por detrás dos visitantes, prontos para saltar sobre os dois homens. Ela fixou neles o olhar aterrorizado, mantendo-os em silêncio e ocultos.

Quando os homens partiram, com a carreta lotada com o que encontraram, eles quiseram segui-los.

— Não façam isso. Precisamos de vocês vivos.

A família viu-se dobrada sobre os próprios joelhos no chão de terra batida, envergonhada, catando grãos, juntando o pouco que ficara, mais pobre do que sempre.

— Ninguém mais fará isso ao pai. Ninguém.

Ao voltarem para a cama, onde não dormiriam mais, os garotos tomaram a decisão de se oferecerem para participar da guerra dos Senhores. Receberiam algum tipo de pagamento para lutar e seriam duas bocas a menos em casa para comer. E fizeram um pacto entre eles: não voltariam antes de terem com o quê pagar a dívida da família.

À mãe, corroída de dor, prometeram proteger-se mutuamente. E assim foi. Jamais estavam a mais de dez passos de distância um do outro, mesmo quando já estavam metidos com mulheres. Nos embates, lutavam mais para defender o irmão do que para atacar o oponente. Não havia circunstância civil ou bélica em que não entrassem juntos, menos por concordância do que pelo temor de o sobrevivente ter que dar explicações à mãe pela eventual perda do irmão. E com eles ninguém se metia, para não receber o rechaço em dobro.

À custa de somente um falar em cada assunto, todos acreditavam que até tinham o mesmo critério, o que não era assim. Quando um falava, o outro calava para não se contrapor ao que o irmão já dissera, leais entre si ao extremo.

Na verdade, leais somente a eles e à família.

Uma vez mergulhados na vida, esta ensina com mais velocidade tanto quanto maiores sejam a agrura e a necessidade. Os irmãos Miguel e Rafael aprenderam que muitas das prendas oferecidas em troca de dívidas de família não eram suficientes para saldá-las. Souberam que a covardia, a deserção, até mesmo a morte prematura do guerreiro empenhado anulavam o que fora entendido como pagamento e a conta permaneceria aberta à cobrança.

Tão pronto perceberam o risco do passivo se converter em escravidão do pai ou predação da mãe, os irmãos começaram a acumular valores para resgatar o encargo familiar. Em combate, eram os últimos a abandonar a cena de batalha. Enquanto a tropa já se afastava, eles rapidamente iniciavam a revista dos bolsos, dedos, pescoços dos caídos; examinavam todas as gavetas, armários, nichos e altares das casas atacadas. Anéis, brincos, colares, correntes de pescoço, crucifixos, patenas, cálices, talheres de ouro ou prata poderiam valer dois, três meses, um semestre inteiro da dívida. Doía ter que deixar de lado armas refinadas, mas tiveram que aprender a garimpar objetos valiosos de pequeno volume, passíveis de serem ocultos junto ao próprio corpo.

Desse modo, Miguel e Rafael foram obtendo o que de melhor a guerra poderia oferecer aos milicianos do fim da fila. Desde que se mantivessem vivos. Para isso, estava Miguel a impedir Rafael de se expor, e Rafael, a proteger Miguel dos riscos de sair da trincheira antes que o confronto acabasse. Seu trabalho não era combater, era sobreviver. Estavam ali para o respaldo.

Oito anos depois, os irmãos bateram à porta do credor. Agora eram homens, ostensivamente armados e traziam dinheiro e joias. Resgataram a dívida dos pais e retornaram à casa com o papel de quitação, que penduraram ao lado da porta do pequeno rancho como uma declaração de alforria. A partir de então, trabalhariam exclusivamente para seu próprio consumo e necessidades. Para alegria do pai, ficaram para dividir o trabalho com ele. Entre três, faziam muito. E em segurança, para felicidade da mãe.

IX

Ulisses não sabia trabalhar ali. Nada entendia daquilo. Não fora formado para isso. Antes de partir para as guerras, não houve tempo suficiente para adquirir o conjunto de saberes necessários à manutenção de uma propriedade rural. Entendia muito pouco das lides, o que, na hierarquia do trabalho, o situava abaixo do ajudante de peão, que é mais útil que ele, pois, por muito que coma, produz mais do que consome.

Faltavam-lhe os conhecimentos básicos que sobravam a esses homens, que necessariamente deveriam saber de tudo para a sobrevivência de uma família naquele meio — do fabrico de arados à condução da junta de bois, do plantio do trigo à produção de farinha, do fabrico de panelas à feitura dos pratos básicos, da queima do barro à colocação de telhas. Cada pessoa dali precisava ser autossuficiente, capaz de sobreviver sem apuros, por sua experiência em transformar a natureza e construir novas coisas a partir dela. Necessário saber fazer de tudo.

O que se planta depois das batatas? Quando se planta batatas? O quanto de batatas se planta? Irriga-se as batatas? Quantos touros essa propriedade necessita? Quando levar uma vaca para ser coberta por um touro? Como assistir a uma vaca no parto? O quanto de leite se pode tirar de uma vaca? Quanto produzir de arroz para o consumo anual dessa casa? Como se constrói uma carroça? Como se repara a estrutura de um telhado?

Era naquele lugar e daquele modo que cada um sustentava a si e aos seus. Precisavam não apenas saber, mas refletir sobre seu ofício. Todos os modos de trabalho e as ferramentas empregadas tinham sido herdados ou pensados por eles, descobertos, inventados, transformados, de modo a possibilitar ou a facilitar sua faina. Por alguém antes deles, por eles próprios, ou por alguém ao seu lado, que ensinou aos demais. Cada um deles sabia a origem, a finalidade e as possibilidades de todos os instrumentos que empregavam. E vinha deles, também, o conhecimento sobre o que a natureza era capaz de lhes oferecer e o que eles tinham de, nela, transformar para cobrir suas necessidades. Saberes desenvolvidos naquele mesmo lugar, entre o nascente e o poente, do nascimento à morte. Era a própria coisa a ser feita que lhes propunha o desafio de como realizá-la.

Mas, de Ulisses, o que esperar? Guerreiros são improdutivos. Outro alguém lhes fabrica os armamentos, a roupa, o abrigo; alguém produz seu alimento e os prepara e serve; alguém lhes paga, alguém lhes determina o que fazer. Não são gregários, por isso não têm lavouras e não plantam; dormem em tendas, não sabem erguer casas; cozinheiros, armeiros, ajudantes de ordens os seguem.

Guerreiros não constroem, guerreiros destroem. De que serve o conhecimento de um soldado nessa fazenda?

Sem os saberes fundamentais, Ulisses não tinha autonomia e precisava ser ensinado a cada passo, o que empatava o tempo do pai e desperdiçava a única vantagem que ele trazia ao trabalho: dele se aproveitava a força, mas se perdia muito tempo com orientações. "Carregue esse poste daqui para lá. Guarde na pilha que está atrás do galpão. Não, não ponha na frente, porque os mais antigos deverão ser usados primeiro". Ulisses era um estorvo para o pai e envergonhava-se disso. Servia mais à mãe dentro de casa. "Põe isto na prateleira mais alta. Carrega este balde para fora. Busca água no poço. Traz cenouras da despensa". Tarefas das irmãs que não teve.

Seus saberes e habilidades não têm serventia aqui, onde ele ocupa o final da escala do trabalho. Quase tão inútil quanto uma criança. Não está no ideal da humanidade saber como se faz e para que se faz? E que, o que se faz, seja perene? No balanço que Ulisses produzia à noite em sua cama, nada do que fizera durante esse dia duraria até o seguinte.

Por quanto tempo alguém suporta a própria inutilidade?

Por quanto tempo alguém suporta o desterro?

Passadas a curiosidade e as emoções do reencontro com a família e a casa, cada dia tornava mais difícil para Ulisses essa vida calmosa, rotineira. Repetitiva mesmo nos problemas, previsíveis e desinteressantes como o movimento permanente das ondas que esvaem suas forças e se dissolvem em espuma na beira da praia.

Não, mil vezes estar na linha da arrebentação, onde perde-se o contato com qualquer piso de apoio e tem-se somente a si próprio, já na entrada do estômago do infindável, poderoso, fatal, gigante oceano. É lá onde deves desfrutá-lo. Lá onde ele mais alto ruge e abandona a fingida calma ondular para saltar sobre ti com toda força e violência, revolucionando-te o corpo, quebrando-te, tomando tua vida num beijo de invasão e afogamento, se não aprenderes a tempo cavalgá-lo. Então seres tu, o senhor da natureza, e faça o oceano te trazer de volta até à terra.

Ah! Antes os riscos que fazem o sangue latejar no pescoço, quando tens que lutar por tua vida, do que não ter nem molhado a roupa. É aqui, na linha da arrebentação, o lugar adequado para enfrentar a natureza e dominar sua força, para emergir bêbado da alegria de ter vivido intensamente mais um dia.

O que esperar de Ulisses fora do movimento permanente? Agitado, mesmo quando aparentemente quieto. Só ele sabe das correntes submarinas que crescem por dentro e acumulam-se, preparando-se para o irrefreável maremoto?

Sentado na encosta do morro no centro do continente, olhar perdido, Ulisses via ondas nas suaves dobras da campina e, no vale, enxergava o mar, a levá-lo em suas ondas, a levá-lo, a levá-lo para lá... Onde começa o céu.

X

A oeste dali, mais para o fundo do continente, outros dois rapazes crescidos nas guerras do Sul sofriam para adaptar-se à vida que já não reconheciam.

Miguel, Rafael e os pais não mais trabalhavam apenas para comer mal e pagar o credor. Voltaram a ser plenamente donos de sua pequena terra. Todo o fruto de seu trabalho era deles. Ainda assim, trabalho duro, costas vergadas, palmas das mãos e joelhos ásperos e grossos como os cabos das pás e enxadas que empunhavam de uma ponta a outra do sol. Havia muito o que aprender, o que testar, acertar e errar. Não lhes faltavam forças, mas constatavam que muito desse trabalho escapa à determinação humana e se submete ao imponderável clima.

À luz de um lampião, após a ceia, avaliavam o que haviam produzido no dia e mediam a distância até a próxima data de venda de sua pequena produção. As contas os obrigavam a concluir que, desse modo, continuariam dedicando todo seu esforço apenas para o cotidiano. Assim, jamais poderiam melhorar de vida. E viam o pai perdendo forças, a mãe envelhecendo. Precisariam investir em máquinas, bombas de água, implementos, veneno, para poder produzir muito mais do que perdiam. Recorrer a novos empréstimos não era opção.

Perderam parte de uma safra por falta de chuva na época certa. Na temporada seguinte, foi-se parte de outra, arrastada pela enchente. Quando se recuperaram e conseguiram produzir bastante, houve excesso de produção e queda de preços. A quarta foi comida por lagartas, gafanhotos, pássaros e roedores do campo.

Um permanente recomeçar, desgastar as esperanças, trabalhar mais e mais, às vezes vencer para ter o que perder depois. Mas comiam, viviam, rezavam. Muito.

Por isso, em mais uma madrugada insone, os irmãos deliberaram novamente partir e se unir à quadrilha que ex-companheiros estavam agrupando. Com eles, sabiam como obter mais dinheiro e mais velozmente do que plantando. Já o haviam feito. Voltariam depois.

XI

Um dia, vieram chamá-lo. Simplesmente assim:

— Os companheiros precisam de ti.

Nenhuma palavra a mais. Desnecessária. Os companheiros necessitavam dele. Isso era imperativo. Provavelmente estavam reunindo a todos. Ulisses sentiu-se salvo do naufrágio, puxado pelos cabelos para a superfície, arrancado da morte em que se deixava submergir.

— Os companheiros precisam de ti.

Eles haviam estado vitalmente dependentes uns dos outros por anos. Jamais passaria pela cabeça de qualquer um deles perguntar por quê ou para quê. O mero tempo gasto na formulação da pergunta poderia significar o tempo necessário ao inimigo para ajustar a mira e atirar. Decidindo-se prontamente, instintivamente, eles haviam escapado à morte seis, sete, vinte vezes. Sem questionamentos, sem dúvidas, sem juízos sobre o homem em risco. A lealdade e o sentimento de sobrevivência, coletiva e interdependente, superior a qualquer espírito de corpo, colocados acima das diferenças, desgostos e questões pessoais.

E agora, parados ao pé da escada do alpendre, ali estavam dois desses sobreviventes a convocá-lo para alguma necessidade do grupo que, tomava conhecimento agora, voltara a se reunir. Mais tarde poderia perguntar qual seria a empreitada. Agora bastava constatar que ainda era contabilizado como parte daquela milícia. Esses eram os seus camaradas e amigos. As regras não escritas dessa e de qualquer outra confraria diriam que pudessem ter confiança absoluta de contar com a ajuda e a proteção de todos e de cada um. Sequer precisavam ter razão. Apenas fé, cega e indubitável, de poder evocar o compromisso de lealdade.

Por sua proximidade ao Senhor da Guerra, Ulisses havia se transformado em um competente líder de regimento. Ao lado de seu comandante, aprendeu a observar o quadro do confronto sem paixão, com objetividade e racionalidade. Com o tempo, aprendeu a estruturar o campo do embate. Quem é o adversário? De que forças objetivas e subjetivas dispõe? Com que recursos financeiros conta? O quanto dispõe de energia própria e de suprimentos? De que distância recebe alimentos e munição? Qual seu raio de ataque? Quais são suas bases de apoio? Em que território está seguro e em quais se expõe? Quem são seus aliados? Quem são seus acompanhantes circunstanciais? Quem tem sob sua proteção? Qual o ânimo de suas tropas? Com que recursos contam? Qual nossa dimensão em relação ao inimigo? Temos recursos para um confronto direto e rápido? A que preço? Com que índice de perdas materiais e humanas? Se o enfrentamento não for possível, temos forças para sitiar o adversário, cortar suas linhas de suprimentos e esgotá-lo até que baixe a guarda? Podemos infiltrar espiões? Podemos minar suas resistências, dividir suas forças, obter rendições em separado?

Um jogo. Perigoso, mas um jogo, apenas que o erro aqui paga-se com a vida. Lúdico. Excitante. Ulisses havia se tornado quem melhor o jogava. Por isso o convocavam para essa empreitada.

Do alpendre, ele subiu o olhar sobre a cabeça dos companheiros, para a serra atrás deles. Passara muito tempo longe desse cenário, não conseguira ainda se arrinconar e já partiria. Mas tivera a sincera vontade de permanecer. Nesse momento mesmo não sabia se estava saindo para uma empreitada rápida e logo retornaria à casa, ou se ali estivera em férias e agora estava por retomar sua caminhada, seu destino. Seriam seis meses até retornar, ou havia sido seis meses antes de retomar? O que dizer à mãe?

— Tenho de ir.

Menos de duas horas depois já estavam a caminho.

Com o pó da estrada, teve certeza: sua viagem de retorno não fora em busca do sítio em que nascera e morreriam seus pais e onde estavam entranhadas as raízes de sua família. Foi para confirmar a fidelidade àquele outro lugar, no qual se fizera homem. Voltava às barracas de campanha, sua escola, e aos acampamentos, onde arde seu verdadeiro fogo lar.

— Minha casa é onde está minha fogueira — disse--lhe, uma vez, um velho sargento combatente.

Ao serem desmobilizados, ao retornar à casa um dos guerreiros mais velhos descobriu que seu patrão o enviara à guerra para tomar-lhe a mulher, contando com que ele lá morresse. A este companheiro o grupo queria vingar.

Bastaram poucos dias de marcha para que Ulisses e seus dois acompanhantes encontrassem os primeiros sinais da passagem de seu grupo: os retirantes. Gente que fugia do território diante das evidências de combate próximo. Sitiantes, traziam seus pequenos rebanhos, faltados de uma ou outra ovelha, requisitadas para a alimentação dos combatentes. Observando essa peonada pobre, Ulisses formulou a primeira tática da guerra que enfrentaria. E apurou o passo para alcançar os companheiros quando estes parassem à noite para comer e descansar.

Em torno da fogueira, confraternizaram o reencontro e festejaram o recebimento do comandante militar que necessitavam para essa empreitada. Tão logo a comida atravessou suas gargantas, Ulisses iniciou o inventário das informações. Quem é o inimigo? Proprietário de enorme território, patrão de uma centena de braços, compadre de quase o mesmo número, suserano de quatro prefeitos, quatorze vereadores, dois deputados.

Médico, dava consultas de graça aos pobres. Agiota, cobrava com vigor dos remediados. Político, presenteava os de sua própria classe, favorecia os amigos e sócios. Garanhão, tomava a maioria das mulheres que desejasse. Fazendeiro abastado, comprava a qualquer preço propriedades dos endividados.

— E nós?

— Contamos com os nossos dez, mais uma meia dúzia de gente da região, que quer vingança.

Todos estavam animados com a experiência, com um sincero desejo de vingança, camaradagem e solidariedade ao companheiro ofendido. O não dito era evidente: estavam já sofrendo de crise de abstinência e precisavam de um inimigo. Esse era oportuno.

O quadro era suficiente para sugerir a segunda e a terceira táticas.

— O sujeito já está morto e não sabe.

O sol ainda não saíra e já estavam de pé. A maioria se alimentava; outros, por hábito, ocultavam as marcas deixadas pelo acampamento. Chegaram os batedores, e Ulisses recebeu seus relatos. Depois disso, reuniu os companheiros e iniciou o primeiro movimento tático. Dividiu-os em três grupos, separou parentes e grandes amigos em grupamentos diferentes.

— Vamos suspender o sentimento de solidariedade, essa conversa de que viemos vingar um companheiro. O que viemos fazer não tem nada a ver com isso. A generosidade não vai nos livrar de tiro e facada. Precisamos de ódio. Nós sempre lutamos a guerra dos outros. Agora vamos lutar a nossa guerra. Cada um tem que odiar, nesse sujeito, a todos aqueles que nos enviaram à guerra pra morrer por eles. Aos que roubaram nossa juventude e nossa inocência. Aos que nos fizeram maus e cínicos. Perguntem-se como cada um se sentiu quando foi tirado de casa pra olhar a morte todos os dias. Perguntem-se quem os enviou. Nós iremos invadir o território e matar aquele merda por ódio àqueles, porque eles mataram nossos irmãos mais velhos, roubaram de nossos pais, estupraram nossas mães. Cada um tem que querer matar esse filho da puta antes que ele coma sua irmã. Essa é uma luta de cada um. É de ódio pessoal que precisamos, não de solidariedade.

Não era propriamente surpresa o que os olhares em torno expressavam, mas algo que transitava do estranhamento ao reconhecimento. Nunca tinham falado ou pensado nisso, mas havia sentido no que ouviam de Ulisses.

— Nós vamos enfrentar muito mais gente que nós, armada e paga. Até chegar a eles, vamos ter que caminhar no meio de muita gente comum, sem saber se entre eles há capangas armados. Depois, teremos que matar cinco vezes mais do que eles, senão seremos exterminados antes de chegar à porteira. Quando entrarmos na cova dos lobos, e somente então, saberemos o tamanho das forças do outro lado. Nós vamos matar por medo. Medo da morte, não por valentia. Matar por medo de sermos aleijados ou mortos. Matar antes que nos matem. O medo fará isso por nós. Quem tem ódio ou medo é capaz de matar. Vamos juntar esses sentimentos pra guerra particular de cada um de nós.

Na noite seguinte, nova conferência e o segundo movimento tático. Ulisses determinou ataques invisíveis. Estariam em diferentes lugares da região, mas à noite, para não serem notados. Deveriam queimar plantações, pastagens, mato e galpões identificados como propriedade daquele coronel. A ordem incluía o roubo de cavalhadas. As cercas deveriam ser todas derrubadas e, as estradas, campos e barreiros, pisoteados de um lado a outro por muitas dezenas de cavalos, que a tropa levaria em sua retaguarda, multiplicando as marcas de cascos no solo. E, durante o dia, se aproximariam, vindos de três posições, arrastando o que pudessem para produzir muita poeira, insinuando um enorme exército em marcha.

Deveriam inspirar o terror e por ele serem precedidos. O resultado deveria ser a massificação da fuga da peonada por quem haviam cruzado no caminho.

Os guerreiros mandaram correr à frente da tropa a informação de que não tocam em mulheres, não ferem peões, não tomam seus bens. A esses não poderia restar nenhum motivo para a luta em defesa da própria família e de suas pequenas posses. A foice é tanto uma ferramenta da colheita quanto um instrumento para matar. E o homem que a empunha é tanto um peão rural quanto pode ser um degolador, se necessário, porque trata-se do mesmo instrumento e da mesma arte necessários à ceifa e à execução. Uma, para alimentar e viver, outra, para calar e vingar. A mesma mão, o mesmo ferro.

— Não os provoquem, se não for indispensável, mas eles devem sair das terras desse homem, porque, a partir de então, tudo o que se mova morrerá com ele. As terras devem ficar desertas de gente e de animais. Que sobrem apenas o coronel e seus jagunços.

O homem que enviou o empregado para a morte na guerra, com o intuito de tomar-lhe a mulher, agora recebia o terror marchando em sua direção feito o fogo que se alastrara no seu campo e, tocado pelo vento, aumenta a voracidade, irrefreável, destruidor, terrível. Aquele que está em seu rumo sofre antecipadamente o medo de sua progressão. Ai daquele que carrega a culpa de imitar a luxúria do rei Davi!

Uma semana de horror e estavam criadas as condições para o terceiro movimento.

Os atacantes necessitam contar com a existência dos piores sentimentos entre os defensores: ódio, cobiça, mentira, oportunismo, traição, orgulho, medo, covardia. Sem que estejam envolvidas várias das baixezas humanas, nenhum território será tomado.

Separem esse coronel de sua base de segurança, de seus aliados, de seus suprimentos, até que seu poder e dinheiro não tenham mais nenhum valor ali. Até que ninguém mais dependa ou tenha medo dele. E não haverá vigia nem guarda-costas capaz de resistir à maré invasora, porque diante da derrota inevitável, só ficam em pé os loucos, os amparados por sua fé e aqueles capazes de se erguerem sobre os ombros de suas próprias convicções e que já enxergam, atrás dos destruidores, a restauração.

Cuida-te dos loucos, porque estes somente ouvem sua voz interior. São aferrados às suas certezas. Ainda que o barco rume para os arrecifes, continuarão cantando seus refrãos. É belamente trágica a morte de um louco que, já naufragado, ainda mantém-se agarrado às suas visões, à ilha no horizonte, a qual tu deverias enxergar de vez em quando para te fazer continuar a nadar e, improvavelmente, até te salvares.

Diante da derrota, poucos conservam a fé, seja porque era pouca, seja porque era fingida. Estes, os mais fiéis nos bons momentos, são os primeiros a quem seduzir. São os mais baratos e mais sabujos. Estes abrirão as portas da cidadela para a invasão. Já os sinceramente fiéis derrotam impérios. Se apenas vencidos, renascerão e se erguerão de cada buraco, dia após dia, para vingar-se.

E, aos ideólogos, mata-os, bebe seu sangue e mistura as cinzas à tua comida. Eles não renunciarão jamais. E pode ser que sejam eles que te conquistem.

— Estão certos que os reconhecerão sob as mesmas roupas? Então vamos dormir, porque amanhã sairemos cedo a procurar traidores.

A partir desse ponto, minaram as resistências e, à custa de suborno, sedução, promessas, mentiras, ameaças, compraram parte da guarda do coronel, esgotada já pelo medo e pela escassez de comida.

— O temor o deixará sozinho; o pânico o matará antes que nossas lâminas. Antes disso, morrerá do pavor de prever o que acontecerá com ele.

Quando fizeram o único ataque direto de toda a campanha, aquele Senhor já não tinha nem o diabo por ele. Os guerreiros quase não encontraram resistências e tiveram que concentrar seu ódio em poucos defensores. Exorcizaram, nos inimigos, ódios e temores reais, os imaginários e os incutidos. O ex-empregado e marido traído teve o direito de precedência. O sangue transbordou para o pátio.

Dinheiro e joias, tornados inúteis durante o cerco, readquiriram valor na divisão do butim entre os guerreiros.

A casa foi incendiada. E tudo se esvaneceu.

II ATO

Assim que, um, pela infâmia que arreceia,
E o outro, pelas honras que pretende,
Debatem, e na porfia permanecem;
A qualquer de seus amigos favorecem.

Luís Vaz de Camões,
Os lusíadas.

XII

Era uma daquelas manhãs frescas e luminosas de outono.

Montaram nos cavalos e saíram campo afora, como quem sai a passeio ou vai inspecionar o gado, olhando as árvores, prestando atenção no voo dos pássaros que começam a migrar, brincando com a caravana de cães que os acompanha em todas as marchas, debochando uns com os outros. Seguem despreocupados e alegres.

Jamais, em suas curtas e miseráveis vidas, haviam sido tão felizes. Não havia a quem obedecer. Não havia deveres, senão a manutenção do armamento. Eram livres. A não ser que estivessem com algum contrato a executar, tampouco havia horários a cumprir, coisas a fazer, respostas a dar.

Também pela primeira vez, cada um carregava dinheiro. Pouco, mas seu. Agora havia um preço para o trabalho. Decidiam sobre ele. Isso lhes dava uma sensação de potência, fazia bem à autoestima, lhes pregava um sorriso à cara, como se estivessem ouvindo graça o tempo todo.

No meio da manhã fresca e céu limpo, cinco deles separaram-se do grupo e saíram a flanar. Riam e conversavam. A maioria estava aprendendo a conversar. Crescidos na desimportância, até então tudo o que lhes restara fazer era obedecer ordens para as quais não era preciso encher uma frase. Não havia funcionalidade para a fala de pessoas a quem se havia determinado apenas cumprir. Nem entender, nem pensar, nem argumentar, nem duvidar. Fazer. E para isso não carece falar. Meia dúzia de monossílabos davam conta de todas as respostas necessárias à sobrevivência.

— Ô, sorete! Isso é hora de comer? Larga esse prato e limpa minhas botas.

— Sim, sô.

— Ô, seu merda! Que perfume de goiaba é esse? Andaste roubando no pomar? Traz tudo aqui pra mim. Descascadas.

— Já vou.

Agora, autônomos de comandantes, patrões e de seus prepostos, tocava a eles decidir o que fazer de si próprios, de seu tempo, de suas ações. No mínimo, precisavam concordar com quem propusesse. Mas, antes disso, decidiam. Antes disso, raciocinavam. Antes disso, pensavam. Pensavam sobre coisas ainda não vividas, sobre coisas desconhecidas, para imaginar situações, produzir hipóteses. Raciocinar, decidir, propor, votar, deixar de ser o rabo do cachorro e passar a caminhar na frente, puxando a coleira. E isso se fez nos momentos de ócio, ao longo desse ano maravilhoso. Em tardes ainda frias, estendidos ao sol debaixo dos ponchos, começavam, timidamente, a acolherar mais palavras do que as pronunciadas na vida inteira.

— Que bom isso.

— O sol?

— O frio, o sol, fazer nada.

— Eu nunca podia ficar assim, de varde. Logo me batiam e me mandavam levar coisas de um lugar pra outro, só de maldade.

— É uma alegria escapar disso! Fico até contente de lembrar, só por saber que não vai acontecer de novo.

— Tu pensava que podia ser feliz, algum dia?

— Nunquinha! Ia morrer de tanto esforço e pouca comida.

— Ou de tristeza.

— De tristeza e de miséria, antes de chegar a ficar velho.

Os silêncios eram a continuação da conversa em cada um deles, não mais um vazio à espera da próxima ordem. As ideias continuavam a correr na cabeça, mesmo sem palavras.

— Que bom isso, né?

— O quê?

— A liberdade.

As liberdades. Uma delas era essa: montar e sair por aí, à toa, gozando o tempo livre. Experimentavam o prazer de andar sem rumo, levados pela curiosidade ou pela beleza do lugar. Olhar, apreciar, sentir. Entre trabalhos, as conversas e os passeios se imbricavam, atravessando verão, outono, inverno. Nesse dia fresco, tinham montado e saído a passo.

Assim chegaram a uma estrada. Para a direita ou para a esquerda? Jogaram a sorte.

Um menino corria pela rua de terra, empurrando um aro de metal com uma garra de arame grosso. Quando ergueu os olhos, percebeu o movimento no final da picada, onde o caminho faz uma curva e revela de uma vez quem está chegando ao povoado. Dessa vez não eram as mulas do mascate, nem a carroça do curandeiro, tampouco as carretas do mercador. O que o menino viu à distância foram cinco cavaleiros, avançando lado a lado.

Recuou até a porta e gritou para dentro de casa:

— Vem gente!

Era o código de alerta. "Vem gente" não precisa ser gritado para anunciar o mascate Tarik. Ele, suas bijuterias, tecidos, linhas, botões, roupas e utensílios de casa são sempre esperados com expectativa e sua visita nunca é surpresa. "Vem gente" também não tem por que ser gritado para anunciar a chegada de Kalitch e suas bolinhas medicinais e soro antiofídico. Em todas as casas do povoado sempre há alguém necessitando de cura para algum mal. Tampouco para Billig e suas carroças abarrotadas de sacos de arroz, feijão, sal, cordas, correias, querosene, lampiões.

"Vem gente" significa estranhos, implica alerta, talvez fechar janelas, botar tranca nas portas, ter as armas ao alcance da mão.

Somente Joaquim não se moveu. Sentado à porta de seu armazém, adiou ao máximo a tomada de decisão, olhos apertados para focar melhor nos cavaleiros. Já estes, quanto mais se aproximavam, mais jovens se revelavam. Quando já conseguia enxergar a cor de seus cabelos, Joaquim entrou, colocou cinco copos sobre o balcão e se debruçou, à espera deles.

Os rapazes suspenderam a conversa e foram avançando, atentos, pela estrada que, feito rua, cortava o vilarejo ocre, casas sem reboco, cobertas de telhas artesanais compridas e irregulares, moldadas nas coxas. Sabiam estarem sendo observados pelas frestas dos postigos. Sem pressa, desceram até a última quadra e retornaram ao início do povoado. Estancaram diante do armazém, consultaram-se com olhares, apearam e foram entrando. Pararam no centro do salão, examinando as prateleiras abastecidas de latas, vidros de compotas e conservas com frutas.

Joaquim rompeu a indecisão dos visitantes. Empurrou os copos sobre o balcão, em direção aos rapazes.

— O que vai ser?

Eles não conheciam o código. Jamais haviam entrado em nenhum lugar assemelhado a um bar ou armazém.

— O que vai ser? Pinga ou cerveja? — sorrindo e já desarrolhando uma garrafa com frutas mergulhadas em um líquido marrom forte. Serviu um martelinho e empurrou-o para o mais próximo. — Conserva de butiá. Tem quatro anos curtindo.

O rapaz deu uma bicada, olhou os companheiros, ergueu as sobrancelhas e entornou.

— Muito bom!

Todos se acercaram dos bancos junto ao balcão. O bolicheiro os serviu até o topo e depois a si próprio. Sempre bebia por conta dos fregueses.

Pronto, destravou a conversalhada. Quem eram, de onde vinham, o que faziam?

— Como é isso de dar proteção?

— Quem não pode contar com a Justiça, apela pra nós.

— A gente não pode consertar o mundo, mas, se nos contratam, ajeitamos um pouco aqui e ali.

— Hmm.

— Passa muita gente por aqui?

— Essa aqui era uma região de lavra de carvão. Transportavam rio abaixo. Aí pra trás, ainda tem o atracadouro, restos do depósito de carvão e do prédio onde era a administração do porto. A vila surgiu do nada, de uma hora pra outra. Vivia muita gente aqui. Eu vim quando ainda estavam chegando. Abri esse armazém, ganhei dinheiro. Depois acabou a lavra, não dava mais lucro pros donos. Do dia pra noite quase todos foram embora. Nas famílias que ficaram, os jovens logo que crescem também saem em busca da sobrevivência. A cidade foi se esvaziando, só restaram lembranças e umas poucas crianças e velhos em cadeiras na porta de casa.

— Hmm.

— A cerveja que o senhor ofereceu é boa?

O homem sumiu por uma porta e daí a um tempo voltou com três garrafas pingando água. Renovou os seis copos e serviu o líquido dourado, transbordando espuma.

— Gelada!

— Eu guardo no fundo do poço.

— Muito boa!

— Melhor ainda com linguiça e queijo.

— Como é isso?

Joaquim gritou alguma coisa através da porta ao fundo do armazém e um tanto depois dali surgiu uma mulher volumosa, com uma bandeja de madeira transbordante de picados.

E assim os rapazes descobriram a conversa de bar, as confissões de mesa, as sinceridades de bêbados. Eram felizes.

Aquilo só terminou quando, já noite, o bolicheiro voltou dos fundos de mãos abanando.

— Acabou a cerveja.

— Não pode! Como é que deixou acabar?

— Foi tudo. Vou ter que fazer mais.

— A gente ajuda.

— Não, só fica pronta daqui a três semanas. O processo é demorado.

— Nenhum vizinho aí tem pra vender?

— Se tiver, só na próxima vila, seis quilômetros rio abaixo. Lá é maior. Tem até Casa Vermelha.

— O que é isso?

— O puteiro. Dois quilômetros antes.

Voltariam na semana seguinte.

O próximo povoado era um pouco maior.

A vila oferecia praça, padaria, farmácia, ferragem, lojinha de roupas, o mercado e sua mistura dos cheiros, variedade de coisas em cada armazém, coisas nunca vistas.

Com potência e curiosidade, tratavam de conhecer e experimentar o que tinham deixado de viver durante a guerra, onde foram jogados adolescentes, para emergir desse hiato já jovens adultos.

Numa das idas, encontraram no caminho a caravana de um circo, que seguia no mesmo rumo. Um elefante! Zebras! Um leão, não importa que apático! Nenhum deles conhecia essas maravilhas. No dia seguinte, ajudaram a levantar a lona. Depois, ficaram perambulando por ali, espiando as carroças, assistindo ao treinamento do halterofilista. À noite, se apaixonaram pela trapezista, de uma beleza insuspeita durante o dia.

Com bolsos e testículos pesados, passaram a frequentar a zona. Conheceram corpos femininos, abraços ternos, bocas úmidas, sorrisos e olhares como nunca antes.

Aquele ano foi maravilhoso.

XIII

Onofre e Ulisses desciam a rua quando encontraram Bernardo, alvoroçado.

— Vocês precisam ver uma coisa!

E os puxou quase correndo até uma casa baixa numa transversal. "Cartomante", dizia a placa pintada com capricho. Uma cortina mantinha a privacidade entre a sala e a peça de onde saiu uma figura exótica, com um lenço à cabeça e um vestido feito de tiras de tecidos de todas a cores e estampados que possam ser produzidos. Avaliou demoradamente cada um dos rapazes. Com uma voz que vinha do paraíso, convocou Ulisses a segui-la. Do outro lado da cortina havia uma mesa redonda ao centro de uma grande barraca de tecidos leves. Uma nuvem de incenso se agitou à sua passagem.

— Sente. — disse ela.

Ele sentou, intimidado diante do desconhecido.

— Me mostre suas mãos. Palmas para cima — deslizou o indicador sobre as linhas da mão dele e o olhou, impressionada. — Você é uma pessoa poderosa. Muita gente o respeitará e seguirá. Você é tímido. Você é muito leal com seus amigos e eles gostam de você. Você gosta de aventuras e de viajar.

Então ele descobriu, assombrado, que suas mãos o denunciavam. Contavam que ele era isso e aquilo. Que o sol e a lua diziam que sua vida seria assim e assado. Que coisa!

— Vejo muito sangue em sua vida — a mulher tomou um baralho e foi dispondo suas figuras sobre a mesa. Correndo o dedo de uma carta à outra, ficou em silêncio, observando. Com expressão condoída e voz sussurrante, disse: — Você não conheceu seu grande amor.

É, não tivera muitas oportunidades ainda.

— Eu já encontrei ela?

Suspense. A mulher tirou um dos colares e o abriu sobre a mesa. Jogou algumas conchas dentro desse círculo, olhou-as demoradamente e confirmou:

— Já.

Quem seria? Alguma de sua vila natal?

— Mas você não vai ter tempo para viver esse amor — jogou novamente as conchas sobre a mesa. Mais silêncio. Até que o olhou, apenada. — Vejo traição em sua vida. E você não tem controle sobre isso. Mais sofre quem tem os sonhos mais altos.

— E pelo menos tem dinheiro nesse futuro aí?

— Pouco. E breve.

— Puxa, traído, sem amor e pobre... A senhora não tem nenhuma boa notícia?

— O destino, meu filho, é caprichoso. Não se guia por mérito ou justiça.

Quando os rapazes saíram de novo à rua, Ulisses deu um piparote na cabeça de Bernardo.

— Não podias encontrar quem previsse um futuro lindo pra mim?

Dias depois, souberam que Bernardo voltara lá e convencera a cartomante a melhorar as previsões e a lhe pagar uma taxa de agenciamento por novos clientes que levasse.

XIV

Os rapazes foram contratados para expulsar invasores de uma estância de um homem de grandes negócios, muitas fazendas, controlador do mercado de couro, dono do cartório, agiota e ainda juiz de paz em uma comarca distante dali. Há algum tempo, um grupo de famílias abrira uma clareira na mata de uma de suas terras improdutivas, levantara casas e começara a plantar. Recusavam as ordens de retirada.

O emissário trouxe para os rapazes um mapa e a garantia de que a legalidade estaria ao lado deles. Nunca estiveram tão protegidos em uma ação.

Uma longa marcha por uma região que ainda não conheciam os levou à área ainda de dia. Protegidos por uma elevação do terreno, os batedores observaram os invasores capinando a terra na grande clareira aberta a machado. Um aglomerado de pouco mais de vinte barracos de madeira, de um lado. Adiante, três prédios grandes. Próximas às casas, hortas e árvores jovens de um futuro pomar. Do centro para os extremos da clareira, plantações de milho, aipim, tomates e cana-de-açúcar, identificáveis à distância.

— Trabalhinho fácil! São agricultores. A maioria é mulher e criança.

Antes que o sol se mostrasse na manhã seguinte, o assentamento já estava cercado, sem opções de reação.

— Vocês precisam sair. A terra é do doutor.

— Não é, não. Ele nunca esteve aqui. Ninguém jamais trabalhou essa terra. Nem gado ele tem aqui.

— Vocês invadiram terras que estão em nome dele. Tem papel, é dono.

— Ele é grileiro. Inventou esse papel, botou em seu nome. Sabe como manobrar as leis em seu favor. Nem pagou. Isso é terra devoluta. Mas nós estamos morando e trabalhando aqui. Já colhemos três safras. Temos a posse de fato.

Melhor era não prestar muita atenção ao que diziam; era gente tão pobre quanto eles. Mas foram contratados para desocupar a terra e era isso que fariam.

— Fora!

Armas desembainhadas, dentes à mostra nas caretas mais ameaçadoras que conseguiam fazer, ombro a ombro foram avançando contra o grupo de agricultores, que enfim decidiu retirar-se.

Ainda não era metade da tarde e os expulsos já haviam partido pela trilha estreita que serpenteava pela mata densa, levando, em algumas carroças e carretas, seus minguados pertences, parte do milho recém-colhido e algumas vacas.

Os rapazes levaram menos tempo em toda a ação de expulsão do que revistando o assentamento. Nas pequenas casas de madeira não havia nada de valor que valesse o esforço de carregar. Era quase que apenas quartos e espaços para banho, com pia e latrina externas. As atividades comuns se realizavam nas edificações maiores, erguidas com tijolos artesanais e madeira bruta. Numa parede da primeira delas havia tanques para lavar roupas. No lado oposto, fogões rústicos, fornos, churrasqueira e pias. Ao centro, as mesas compridas de um refeitório coletivo. A segunda construção parecia ser uma área para crianças, convivência, recreação.

No galpão, sim, encontraram o que lhes interessava. Havia restado alguns sacos com cereais que não couberam nas carretas dos retirantes, uma barrica com aguardente e bolachas. No campo, um boi, galinhas no cercado e, na horta, farta produção de legumes e verduras.

— Estamos feitos! Hoje vamos comer como gente!

Decidiram passar a noite ali, cozinhar em fogões, dormir em camas, antes de incendiar tudo na manhã seguinte e partir para cobrar o pagamento pelo serviço. O assado, o cozido e a cachaça proporcionaram relaxamento suficiente para uma noite bem-dormida.

Era agradável estar sob um teto. O perfume da lenha e da comida cheirava a lar. Alguns deles lembravam disso com prazer. E os que nunca conheceram um, gostariam que assim tivessem vivido. Tamancos alinhados na porta da cozinha, chinelos sob as camas, alguma escova com fios compridos de cabelo, uma caixinha de música, itens deixados para trás na retirada apressada referiam-se à presença feminina nas casas. Um dos garotos encontrou um pote com quase nada de talco e sentiu o cheiro perdido de sua mãe. Quando saiu da casa, buscando isolar-se na saudade, encontrou os companheiros espalhados pelo alpendre e pelo pátio, silenciosos, melancólicos.

Como sempre, despertaram com a primeira luminosidade da manhã e trataram de reunir seus equipamentos e amarrar em cobertores e lonas o que levariam de butim. Reuniram alimento suficiente para cerca de um mês.

O primeiro a sair anunciou que estavam sem os cavalos. Por excesso de confiança, acreditaram na retirada dos posseiros, descuidaram da segurança e os animais foram furtados na madrugada. Ao saírem do curral vazio, avistaram os posseiros à distância, postados no limite da clareira, à espera.

Um emissário foi ao seu encontro dos posseiros.

— Desistam disso. Nós viemos expulsá-los — disse o emissário.

— Não. Nós vamos ficar. Essa terra está plantada, as casas erguidas, agora é nossa.

— Bem, se não quiserem sair na paz, vai ser na força.

— Por velhice ou assassinados, aqui é que seremos enterrados. Nós não sairemos.

— Vocês que sabem. Vai morrer muita gente, então.

Pouco depois, os rapazes se armaram para o combate e avançaram.

Os adversários estavam no limite do terreno, num trecho estreito e cercado de mata. A improvável tropa, composta de alguns homens, mulheres, velhos e crianças, se postava para o combate empunhando enxadas, foices, forcados de metal e forquilhas de madeira. Os oponentes eram absolutamente desiguais em armamento, força e experiência de combate. Dava pena. O comandante do ataque torcia para que tivessem a prudência de se renderem antes do choque. Ordenou que seu grupo erguesse as armas e avançasse berrando, tratando de impor temor.

Os posseiros recuavam, recuavam, recuavam, como que prestes a disparar em retirada. Os rapazes aceleraram a marcha, prontos para acabar rapidamente esse arremedo de combate. Mas, na medida em que o centro da formação dos agricultores continuava recuando, os extremos de sua linha se curvaram em meia lua e avançaram, como Ulisses já havia visto uma vez, muitos anos antes do ataque em andamento, nas aulas sobre a tática das pinças.

Durante as campanhas pelo continente, o Senhor da Guerra ensinara ao menino Ulisses muitas táticas de combate.

— Vou te ensinar o modo com que o grande general cartaginês Aníbal Barca, com um exército pequeno e cansado, conseguiu derrotar os poderosos romanos.

O menino adorava ouvir o velho guerreiro contar e recontar essa história, sempre com a mesma animação. Às vezes somente riscava na terra, com um graveto, as posições dos oponentes. Noutras, pedaços de madeira representavam os atacantes e os defensores. Numa manhã tranquila, quando os ordenhadores retornaram ao acampamento com os tarros transbordantes de leite, encontraram o comandante postado no centro do terreno varrido, cercado de dezenas de rótulas de ovelhas, posicionadas como dois exércitos oponentes. Esperou passarem, rumo à cozinha de campanha, e chamou Ulisses à parte:

— Vou te mostrar como o gênio Aníbal fez isso. Para começar, ele deixou seu grupo principal bem visível diante do inimigo. Quando este avançou, ele recuou o centro, o atraindo para ele. E então avançou as extremidades da formação, em U. Com os romanos presos aí dentro, atacou-o por todos os lados.

Ulisses olhou para sua retaguarda e para os flancos. Estavam envolvidos e sendo atacados por todos os lados! Atrás deles começou a subir o fogo ateado no campo e dos dois lados emergiram da mata arqueiros improvisados, lanceiros com finos troncos afilados e infantes com machados e facões, compondo um grupo de ataque numericamente muito superior à meia dúzia dos rapazes.

— Como não desconfiamos que no campo havia menos gente que camas nas casas?!

No dia anterior, os agricultores haviam percebido a aproximação da tropa muito antes de sua chegada e se anteciparam. Enquanto os batedores os observavam fingir trabalhar, a maioria dos homens e muitas das mulheres já estavam escondidos na mata, preparando a reação.

Os rapazes foram envolvidos em todas as etapas da tática. Os invasores perceberam sua aproximação, anteciparam-se a eles, os induziram a acreditar que ali vivia um número muito menor de pessoas, tiraram-lhes a vantagem da cavalaria, impuseram as condições, o momento e o local do enfrentamento. Os rapazes foram atraídos para um combate para o qual não haviam se preparado. Era para ser trabalho fácil, mas complicou. Quase todos foram feridos e um morreu nessa curta escaramuça, de rápida decisão. Muita gente vivia ali, decidida a manter a terra de onde comiam. Pegaram tudo o que pudesse ser letal para defender o que consideravam ser seu. Para permanecerem, não tinham escolha senão lutar. Ao enterrar os seus caídos, encontraram mais uma razão para ficar.

Na retirada humilhante, tudo o que os rapazes conseguiram foi levar o seu morto para sepultar no cemitério de algum lugar que jamais seria seu.

XV

Na medida em que a coluna de cavaleiros era percebida, ia avançando uma onda de silêncio no vilarejo. O último a cessar foi o som da esforçada banda, no coreto. As pessoas, com trajes de domingo, congelaram-se nas calçadas da única rua, enfeitada de bandeirolas amarelas. Os guerreiros chegavam exageradamente armados, escoltando seis carroções lotados de gente com roupas de trabalho no campo, todas com lenços verdes, de primeiro uso, no pescoço.

A caravana seguiu, lenta e solenemente, até o final da rua. Deteve-se diante da igreja, as pessoas apearam e um tipinho bem-vestido, de bigodinho fino e cabelo engomado, conduziu-as ao salão paroquial.

O padre atravessou à frente do grupo e bradou:

— Vocês não podem fazer isso. Não são eleitores desse distrito — então Rato pôs a mão espalmada sobre o peito do vigário e o afastou. — Isso não é certo! Eu protesto!

O rapaz baixou os olhos para seu próprio corpo, carabina e cartucheira atravessadas a tiracolo, facão e duas garruchas penduradas à cintura. Então olhou nos olhos do cura demoradamente, enquanto passava por ele, sentindo sua respiração curta, e alinhou-se com seus companheiros diante da entrada do salão.

Passados uns vinte minutos, as pessoas de lenços verdes terminaram sua obrigação e voltaram aos carroções. O sujeito de bigodinho alinhado, abraçado a uma caixa coberta por um papel com algumas assinaturas, à guisa de lacre, assomou à escadaria da igreja e gritou:

— Declaro encerrado o processo de sufrágio no distrito de Morro Alto. A chapa liderada pelo coronel Antônio Pires obteve 142 votos nessa 11ª Seção Eleitoral e a chapa do doutor Josefo Azevedo, 27.

Então subiu na charrete, abraçado à urna, e seguiu a caravana, escoltada pelos jovens guerreiros.

Somente depois que o ruído dos cascos e das rodas de madeira deixou de ser ouvido, as pessoas recuperaram os movimentos, dispersando-se sem conversa, retirando os lenços e as fitas amarelas, sumindo pelas portas das casinhas.

XVI

Num final de dia, enquanto os rapazes secavam-se ao sol após o banho no rio, surgiu uma conversa sobre alternativas de sobrevivência e ganhos. Há algum tempo viviam muito próximos dos limites de suas necessidades. Não é toda hora que aparece alguém com necessidade de contratar uma quadrilha. Os serviços de mão armada são tarefas de curta duração e comumente empregam poucos. Logo eles já estavam de volta à estrada com poucas moedas, tendo de racionar alimentos.

Precisavam encontrar uma nova fonte. Algo duradouro ou, pelo menos, frequente. De preferência empreitadas próprias, para que pudessem dividir o ganho somente entre o grupo, os únicos que botavam os corpos e as vidas em risco. Dispensariam contratantes e intermediários. Auto empreendimento.

Uma possibilidade plausível por sua qualificação seria dedicarem-se à extorsão.

— Podemos oferecer segurança a grandes fazendeiros em troca de um pagamento fixo mensal.

— Ou migrar pra alguma cidade maior e apertar comerciantes pra que nos contratem pra enfrentarmos outros assaltantes. As cidades oferecem variedade de clientes, possibilidade de muita renda e de diversão enfrentando outros bandos.

— Mas, nas cidades, estaremos expostos e fora do meio que conhecemos bem. É um grande risco.

A opção rural tinha a vantagem da ecologia favorável, a segurança do ambiente conhecido, o prazer dos espaços abertos. Mas havia o contraponto da restrição do tamanho do "mercado". Não havia ali muitos proprietários graúdos a extorquir. E não ameaçar os pequenos era vital para manter a rede de apoio e proteção entre os pobres.

Impasse. Não visualizavam nada que lhes garantisse pelo menos um semestre de ganhos regulares.

— Mas, ainda assim, sempre é algum dinheiro e comida. Podemos pensar em fazer alguns desses trabalhos, mesmo sabendo que é da mão pra a boca. Não nos estabiliza.

— Então, o que faremos?

Bibiano soltou, de improviso:

— Um governo.

— Atacar o governo? Com o exército na porta? Estás louco.

— Não, atacar o governo, não. Sempre tem alguém querendo derrubar algum prefeito. Entramos com as armas e depois participamos dos lucros.

Deodato ficara em silêncio toda a tarde, ora divagando, longe dali, ora acompanhando as conjecturas dos companheiros. Concordava: não tinham alternativas de sobrevivência à vista. Por que, então, não cogitar o máximo? E apoiou Bibiano:

— Meia dúzia de pessoas determinadas e armadas lideram milhares.

— Juntar mais gente e formar uma tropa, nos legalizarmos e sermos, nós, o Exército. Com a lei do nosso lado e nos devendo favor. Já pensaram, que beleza?

— Boa! E, depois, cobrar impostos. Fazer o que eles fazem. E ficar com o lucro que eles ficam. Por que apenas trabalhar pros coronéis? Podemos abocanhar o tesouro principal. Por dentro do governo. Por que não?

— ... morar em prédios, dormir em cama todas as noites...

Silêncio. Foi demais para o calmo fim de tarde.

Mas a ideia foi e voltou outras vezes.

Depois de tanto tempo em ações violentas e ilegais, os rapazes já haviam se tornado alvo de muita gente poderosa, de suas milícias e policiais. Precisavam ou mudar de território ou conseguir proteção política e institucional.

Meter-se em um governo não era má ideia.

Na outra vez que conversaram sobre isso, juntou mais gente.

— Mas os burgueses concordarão?

— Se tivermos derrubado o governo, vão querer o quê?

— Se não tiverem força pra resistir, provavelmente vão querer se associar conosco, pra não perderem tudo.

— E nos terem por perto, pra nos cravar a faca nas costas, assim que puderem.

— Desde que nos paguem…

— Não gosto dessa gente. Tenho até medo. Eu precisaria andar com a arma na mão o tempo todo.

— Se estivermos no comando de uma tropa armada, não nos ameaçarão. Vão nos aturar pra não perder. Não perdem nunca.

Era muita ideia de uma vez só.

Alguém achava que estavam perdendo muito tempo com uma ideia fantasiosa.

— No estado de penúria em que nós estamos, precisamos de muito dinheiro, e logo.

— Precisamos é planejar um ou dois grandes assaltos.

— Para aí, para aí. Pensem: de onde nossos antigos Senhores pegavam o dinheiro pra suas empreitadas? Dos grandes empresários, dos grandes negocistas, dos que se servem de seus cargos e dignidade para enriquecer. A esses tipos nós servimos por tabela, através de nossos comandantes. Pois agora poderíamos nos associar a eles. Qualquer negócio terá que ter a nossa participação, como garantia da segurança que daremos.

— Se nós tomarmos a cidade, seremos a polícia e a justiça. Seremos aliados dos que fazem a lei.

— Desde que só nós tivermos armas, poderemos tudo.

— E, enquanto eles estiverem enchendo os bolsos, não vão se preocupar se nós também estivermos nos servindo.

— Isso aí dá muito trabalho e leva tempo pra fazer.

— É mais fácil assaltar um banco deles. Pega o que der e vai embora.

— Isso, eles já fazem. Com a vantagem de que a polícia não vai atrás deles. É disso que precisamos.

Por falta de novas ideias, o silêncio desce e outra tarde se vai.

XVII

O acaso trouxe o assunto novamente à tona e eles foram envolvidos na situação.

Tomás soube que uma cidade próxima estava tendo problemas com seu governo. Era dominada por um usineiro, que tinha a seu mando policiais e políticos locais. Para ele diretamente e para seus cupinchas cobrava impostos e taxas legais e ilegais, extorquindo a todos, sem as forças do direito ou das armas para impedi-lo. De comerciantes de alimentos a barbeiros, todos trabalhavam primeiro para pagar a quota do coronel e sua camarilha, depois para sustentarem a si próprios, se sobrasse. Muitos eram seus devedores crônicos e sequer podiam abandonar a cidade.

— E o que nós temos com isso? — perguntou um.

— Não nos afeta em nada e alguns de nós podem morrer numa briga que não é nossa.

— Podemos cobrar pelo serviço — ocorreu a outro.

— E como iriam nos pagar, se o coronel leva tudo?

— Derrubamos o cara e cobramos os impostos durante alguns meses.

— Eles concordam?

— Não sei. É de propor.

O assunto não foi muito longe. Se ninguém mais era grande entusiasta, tampouco havia quem fosse convictamente contra.

— Volta lá e vê melhor isso — foi a decisão.

Tomás foi e abriu conversações. Por várias semanas os comandantes se revezaram em reuniões no salão nos fundos do cabaré com um pequeno grupo da cidade. Vários fazendeiros e comerciantes, cheios de dívidas e ódio, estavam dispostos a correr o risco da rebelião. Mas precisavam assegurar-se de uma probabilidade alta de sucesso da insurreição, porque tinham casa, negócios, família e a própria vida em jogo. Já os guerreiros avaliaram que esse pequeno golpe de Estado era possível. Não tinham dúvidas sobre a possibilidade de sucesso e já haviam removido suas próprias restrições. Queriam mais era deixar bem acordados os termos do pagamento. Fecharam o acordo sobre a arrecadação de um semestre dos impostos e taxas, em troca da derrubada do coronel.

Acordo de negócio selado, moveram-se todos à etapa da preparação.

Os rapazes saíram a reunir pelos vilarejos que já conheciam todo o tipo de gente violenta, desempregada, acostumada a montar e a dar tiros e facadas. Com eles, montaram uma tropa de mais de trinta marginais armados, com promessa de dinheiro vivo após a vitória.

— Nos sigam, que terão bebida e comida todos os dias.

O pessoal da cidade tratou de conseguir mais insurgentes. Os fazendeiros apoiariam o ataque com sua peonada armada. Teriam que cortar o acesso das tropas do coronel a suas reservas de munição após a primeira carga. E todas as armas dos cidadãos deveriam ser recolhidas no início da noite do ataque. Do resto, se encarregariam os rapazes guerreiros.

Dias antes, uma das jovens do prostíbulo preveniu Tomás, a quem adotara como seu homem:

— Não tenho nada de certo, mas desconfio que tem traidor no meio dessa turma.

Em função disso, na reunião de comando da manhã seguinte os guerreiros redesenharam a tática inteira. Decidiram antecipar a data do ataque para daí a dois dias, mas disseram aos aliados que seria somente dentro de quatro dias. Mudaram os pontos de incursão e os de abastecimento e apoio. Na véspera, reuniram a peonada de dois fazendeiros, com o pretexto de treiná-los.

Horas depois deflagraram o ataque. Avançaram em dois grupos sobre a fazenda do coronel. Bloquearam o acesso de um eventual auxílio de fora; a situaram, o incapacitando de reação e impedindo a fuga.

Derrubado o tirano, os guerreiros foram envolvidos pela euforia geral. A festa tomou a cidade. A queda do governante atraiu todos para a praça. Não houve pátio, cozinha e adega que não se abrisse à bagaceira. Dançaram nas ruas até de madrugada. De um momento para o outro todos eram contra o tirano vencido. À frente, os temerários opositores recém-libertos da prisão, a criar refrões de vingança e de substituição política. Mas logo atrás deles vinha a criançada curiosa, a rapaziada iconoclasta, os bêbados felizes, os loucos e os alegres miseráveis da cidade, seguidos pelos pobres do campo. cercavam-se com curiosidade à novidade, com o ânimo de ver para aonde todos estavam indo e estar onde todo mundo estava.

Essa marcha logo transformou-se em pressa e daí para correria desnorteada de um lado para outro os risos e gritos de morte ao coronel avançando para o gargalhar enlouquecido do quebra tudo e logo o apedrejamento das casas dos ricos e o saque das lojas numa histeria potencializadora e absolutamente irrefreável a comida arrancada das prateleiras e a depredação do que não pudesse ser levado tudo se passou em segundos numa espiral de euforia e loucura que a todos drogou e impeliu a descarregar de qualquer forma seus medos suas raivas misérias frustrações numa vingança que embota o olhar e turva a razão botar abaixo a porta da loja onde nunca pudera entrar e quebrar os objetos que não pudera comprar fazia qualquer um sentir-se poderoso e vingado das humilhações da pobreza e do ódio aos que podiam comprar tudo aquilo o incêndio era sua resposta mas agora queriam mais agora queriam sangue.

O coronel e muitos de seus jagunços foram retirados da prisão em meio a aplausos e apupos. Turbas sem controle arrastaram o tirano até à praça, espancaram-no até a morte e ainda o enforcaram, como se ainda restasse vida a tirar-lhe. Depois o penduraram pelos pés no arvoredo, na companhia de seus guardas, para que ninguém mais os temesse. Dali, partiram para a fazenda do morto, onde pegaram tudo de útil e quebraram ou queimaram o inaproveitável.

Na manhã seguinte, os guerreiros foram despertados no cabaré e no acampamento. A cidade estava tomada por tiroteios, saques e incêndios, e os aliados vinham lhes pedir proteção para suas propriedades e famílias.

— Nós não temos nada a ver com isso — esquivaram-se os guerreiros.

— Vocês não podem nos deixar indefesos!

— Pois levem as armas do coronel e se defendam.

— Não temos gente suficiente que saiba manejá-las.

— Nós tampouco somos polícia.

— Mas, se não houver controle, a cidade será engolida pelo caos, ninguém vai produzir nem vender e nós não teremos lucro para pagar a taxa de vocês.

Esse argumento convenceu-os. Os guerreiros sacudiram a ressaca da festa e foram produzir a paz. A rebenque e ferro. Quando a cadeia lotou, passaram a chicotear saqueadores na praça, depois de raspar suas cabeças; proibiram-nos de voltar às ruas antes que os cabelos crescessem. À noite, a cidade acalmara sob a espada dos libertadores.

XVIII

Os senhores da cidade organizaram uma festa em louvor aos guerreiros.

Na ampla sala da casa do dono do maior armazém da cidade, tudo é luz. Sobre cada móvel há candelabros refletidos nos espelhos, multiplicando-se nas joias das esposas e filhas dos notáveis do lugar, alumiando tudo, nem um canto em sombras.

O galpão onde Rato crescera, ao contrário, era o domínio da escuridão. O prato tinha que ser apalpado, para saber se a comida estava ali. E somente pelo sabor era possível imaginar o que se estava jantando, o que resultava em vantagem: o único modo de engolir aqueles restos de alimento aguado era não os identificar. À luz dançante do fogo, as figuras dos peões emergiam da penumbra como máscaras terríficas distorcidas pelas sombras, ainda mais enrugados e horrorosos do que a natureza os fizera.

Mas, sob o luzeiro desse salão, as cores ampliam-se, as formas evidenciam-se, tudo está exposto, tudo é olhável. Principalmente as jovens, reunidas a um canto.

Rato nunca conhecera garotas tão belas. Mesmo à distância sentia seus perfumes, ouvia suas vozes, maravilhado com seu bulício, hipnotizado pelo gestual daquelas mãozinhas brancas, finas, certamente macias e cheirosas, sem os danos do trabalho, dedinhos erguidos na empunhadura das taças. Imaginava a curva de suas nádegas e pernas sob os vestidos, percebia a cova dos seios, agitados quando se inclinavam para rir. Aquela sonoridade enlevava-o; ouvia música na algaravia das meninas. Sorria, perdido de si, a bebida abandonada, o olhar tomado pelo grupo distante. Nunca vira jovens tão lindas. De fato, olhara poucas garotas de perto, nenhuma bela, nenhuma que não trabalhasse como homem, em tarefas de homem, além dos deveres de mulher, embrutecidas, fechadas, amargas, expropriadas de qualquer sinal da alegria esbanjada pelas filhas dos comerciantes e fazendeiros que os recebiam nessa noite.

Os senhores da cidade e das terras haviam convocado todas as pessoas significativas da cidade para essa recepção, e determinado a presença das esposas e filhas. Aos rapazes guerreiros mandaram servir comidas e bebidas de que jamais haviam sequer ouvido falar. Afogados em champanhe, empanturrados de canapés, impressionados pela beleza do mobiliário e agradecidos por terem sido recebidos em lugar tão restrito, quem sabe se contentassem e aceitassem reduzir o preço que lhes deveria ser pago pela libertação da cidade.

Rato as observava de seu canto, alheio a tudo o mais. Olhava-as, embevecido, embasbacado, enlevado. Foi assim que uma das garotas o notou, com o sorriso pendurado na boca desfalcada de dentes. Não apenas o viu. Fixou-o atentamente. A expressão que fez foi indefinida. Ou surpresa pela audácia de um ser desse tipo mirá-las com essa cara de tarado. Ou surpresa de que suas vidas haviam dependido da proteção desse tipo de gente. Ou surpresa com a triste figura de roupas mal-ajambradas. A moça que flagrou seu olhar chamou a atenção das amigas para aquele ser estranho que as mirava por entre os convidados. Riram e, com o ar superior das meninas que nada precisam pedir, rodaram os vestidos e saíram do salão.

O sangue subiu-lhe para o rosto e ele voltou a perceber-se. Na claridade do ambiente não havia como ocultar as botinas esfoladas, a barra da calça curta demais, as mangas sobrando do casaco emprestado. Deplorável figura, indigna do lugar, da bebida, até mesmo das gentilezas fingidas dos anfitriões. Era um produto de fundo dos galpões e nem mesmo o efêmero acesso aos salões dessa cidade poderiam elevá-lo ao que sabia não ser. Nem mesmo sabia como se comportar socialmente na presença de pessoas de nível superior. Durante a vida inteira tivera que baixar a cabeça e ouvir calado, ordens, ofensas, desprezo. Por isso, sempre mantinha-se o mais afastado possível do centro das conversas.

Humilhado, deixou a cena e foi esconder sua pequenez na noite.

Mas o anfitrião havia percebido seu desconforto, viu-o sair e correu atrás dele. Aproximou-se rapidamente com um sorriso congelado de preocupação.

— Senhor — disse ele — não leve a mal nossas filhas. São muito meninas, não têm ainda o lustro social para serem atenciosas com nossos convidados como deveriam. Coisas da idade. Por favor, não as interprete mal, vou mandar adverti-las, todos estamos muito felizes e honrados de recebê-los aqui. Por gentileza, retorne, que o baile já irá iniciar. Tenho certeza que qualquer uma da damas se sentirá honrada em dançar com o senhor.

Surpreso, Rato esquivou-se e, mania dele, apoiou a mão no cabo da arma. O homem empalideceu e recuou.

— Por favor, senhor, nos perdoe por nossas filhas!

Num primeiro momento Rato não entendeu o homem, mas na sequência da ladainha deduziu a relação de causa e efeito entre seu gesto bélico e o medo do anfitrião. Testou-o novamente: coçou o rosto e baixou a mão para a arma. Sem tirar os olhos dali, o homem suava e se desculpava.

— Vai então mandar que dancem comigo?

— Sim, senhor, claro que sim, foi para isso que organizamos essa recepção. Por favor, retorne comigo que já vou providenciar a música.

Desde que caíra no mundo para matar ou morrer, Rato deixara de temer homem. Já vira muito potentado se cagar na hora do "agora ou eu ou tu". Descobrira que no momento do juízo final de nada adianta ser doutor. Quem está com o dedo no gatilho só não é maior do que quem tem outra arma melhor. Aqui acabam as classes e o estudo. Olhando de frente o cano escuro ninguém se atreve a ameaçar: "sabe com quem tu tá falando?". Diante da morte, resta somente o que de mais essencial tem esse sujeito, reduzido ao mais primal dos seus instintos — o de sobrevivência. Não há quem se comporte com dignidade. E ainda é dominado pelo medo, a desmoralizá-lo. Se mija, chora, implora, clama por Deus, o pecador, pede pelos filhos, o desnaturado, chora pela mãezinha, o ingrato. De nada adiantaram séculos de cultura e polimento. Restou o animal, que só sobrevive se fugir ou matar.

Por isso, as gentilezas e adulações na festa desses senhores não sensibilizam Rato. Sabe que sem sua capacidade de produzir violência e morte esses rapazes não teriam existência, não seriam sequer notados, quanto mais convidados à presença das filhas e esposas da burguesia. Não se trata de agradecimento, mas do velho medo. Seu cheiro, feito de suor e urina, o denuncia. Os guerreiros não são desse lugar, não são bem-vindos, apenas os adulam para que sua violência não os faça girar suas armas em torno.

Mas, com mulher, não. De fato, vira poucas mulheres de perto. E, mesmo assim, jamais conseguiu reter o olhar de qualquer uma delas sobre ele. Ou lhes era transparente ou repulsivo. Rato não entende sua lógica. As únicas lições que foi capaz de aprender na vida não se aplicam ao seu mundo. Houve uma puta que arrancou de sua mão uma arma engatilhada, esbofeteou-o e o pôs a chorar no colo. Sente que desejaria ser aceito por uma delas, sem imposição, mas não teve com quem aprender a linguagem do carinho.

Rato ouviu a proposta do dono da casa e quase aceitou impor sua presença às meninas. Mas desistiu da ideia pela certeza de que sobre elas suas armas não produziriam o mesmo efeito que inspiravam nos adultos e não lhes retiraria da cara o olhar de desprezo por ele. Sabia que, descontadas suas ferramentas de matar, nunca passara de um rato de galpão, marcado pela falta de infância e a vida de merda.

Agradeceu e voltou a mergulhar na noite, em busca de seu alojamento.

Aliviado, o homem retornou à festa.

XIX

Com o passar dos dias começaram a aparecer evidências de que as vantagens de viver na cidade eram menores que os problemas que isso lhes trazia.

Deodato, um dos proponentes da tomada de uma cidade, já estava arrependido:

— Esse negócio está nos corrompendo e nos deixando relaxados, descuidados, preguiçosos, gostando dessa vida mansa.

Ulisses também estava inquieto:

— Guerreiros não dormem dentro de cidades. Já estamos há muito tempo parados aqui. Se alguém quiser nos pegar, somos facilmente localizáveis. A essa altura, qualquer inimigo sabe onde estamos. Têm tempo pra juntarem forças e vir, por muitos lados, nos buscar.

Outro concordava:

— Esse território não é o nosso, estamos imobilizados aqui, com endereço e rotina. Se vierem contra nós, vamos virar alvos fáceis.

Bernardo antevia a virada do clima:

— Daqui a pouco a casa vai cair. Essa gente que nos aplaudiu será a primeira a renegar e nos apontará o dedo como causa de todos os seus males.

Ulisses insistia:

— Vamos nos retirar. Vamos nos salvar.

Mas Onofre e os irmãos Miguel e Rafael expressavam o desejo da maioria, que queria ficar pelo menos mais duas ou três semanas:

— Até que essa onda se levante contra nós, podemos continuar por mais um tempo, pra descansarmos, engordar os cavalos, preparar mais munição.

De fato, queriam dispor de mais tempo para extorquirem os habitantes abonados.

E também já havia meia dúzia de apaixonados, que dormiam até o meio da manhã no cabaré e juravam proteger aquelas meninas: "essa vida não é pra ti, vou te tirar disso". Outros haviam descoberto que algumas delas estavam dispostas a lhes dar vida boa, sustentá-los, desde que lhes jurassem amor. Gostaram de vestir-se bem. De melhorar a qualidade do que comiam e bebiam. Também estes não queriam deixar a cidade.

Essa tropa estava desmoralizada.

Pouco depois, voltou a se autoalimentar o caos na cidade sem governo. Não havia administração pública. Não havia quem os determinasse nem pagasse. Os senhores da cidade não se entendiam sobre a divisão do poder.

E os problemas começavam a cair sobre os guerreiros: sabiam todas as táticas de combate, conheciam os efeitos da aplicação das diferentes dosagens da violência, mas sempre dirigidas contra tropas organizadas, submetidas a uma voz de comando identificada. Se encanzinavam constatar que sua força não era capaz de estancar a anarquia provocada pela voluntariedade individual. A tropa de quem os aliados esperavam a garantia da ordem estava cansada de apartar brigas de rua, correr atrás de ladrõezinhos de armazém. Preso um saqueador aqui, logo surgiam outros tantos mais adiante. Contra isso, eles não sabiam lutar.

Começaram a ouvir reclamações de amigas e ofensas do povo. Já ouviam vaias à sua passagem.

Foi quando os rapazes convocaram os aliados originais.

— A cidade é sua, organizem uma polícia. Nós vamos voltar à nossa vida e aos nossos acampamentos. Viremos aqui só para cobrar nossa parte no golpe.

A elite local não deu conta. Em dois meses caiu a Comissão Diretiva Municipal, a seguinte autodissolveu-se em três. Então, um fazendeiro que não participara do golpe anterior assumiu a Intendência. Com armas e capangas, impôs sua vontade à cidade. Antecipou o pagamento do acordo da cidade com os rapazes guerreiros e desvencilhou-se deles. Daí em diante passou a arrecadar para si e para a manutenção de sua própria força policial, crescentemente violenta em face da reação.

Novamente, um pequeno grupo foi buscar a ajuda dos guerreiros. Mas eles não demonstraram qualquer interesse:

— Essa questão não é nossa, não estamos no lugar desse povo. De que valeu derrubar aquele ladrão, se quem ocupou seu lugar é esse outro, que faz o mesmo ou pior? A incompetência de vocês entregou a cidade de mão beijada!

— Descubram vocês como impedi-lo. Esse assunto é difícil e não é nosso. Não entraremos de novo nesses conflitos. Não entendemos nada de cidades, de sociedade, de governo. Nós não precisamos disso.

Ulisses voltou à sua ideia sobre o que seria o meio de vida do grupo:

— Somos apenas gente das armas. É disso que vivemos, é disso que comemos, é só isso que sabemos fazer bem. Não vamos inventar outras coisas. Quando nos contratam, cumprimos o que está estipulado no convênio. O que for necessário, fazemos. Vamos voltar a buscar quem nos contrate. Se não houver, vamos nos virar por conta própria, garantir nossa comida e nos manter em segurança.

Logo, retornaram à sua faina de bandidos de aluguel. Passaram a operar longe dali, ouvidos cobertos por cera para não ouvirem as sereias do poder.

XX

Houve uma manhã no passado, quando ainda marcha-vam atrás de seus Senhores, para reunir-se às tropas que avançavam do sul. Naquele dia revelou-se a Ulisses uma imagem, embora fugaz, dominante em sua vida.

O céu estava encoberto pela fumaça dos incêndios ateados pelos inimigos em fuga. Por todo o caminho ha-via ruínas, carroças emborcadas para a defesa em vã bar-ricada, portas arrombadas, passagem aberta às despensas e cozinhas, a rapina urgente dos quartos e escritórios, pilhas de gavetas reviradas, colchões retalhados, cofres explodidos jogados às calçadas, galinheiros vazios, car-caças de animais, corpos de combatentes. Um quadro do horror da guerra que atravessou fazendas indefesas, a cobrar sua taxa de morte. Nada, por mais inocente que fosse, foi poupado da destruição e da dor. A isso se propõem as guerras, que necessitam de coisas e vontades para destruir, alimentando o terror.

Em meio a essa pintura de fumo negro, um buraco no céu filtrava um raio-de-sol, criando um único ponto de luz e cor. Ao centro, duas crianças, rostos tisnados, juntavam brinquedos, partes de brinquedos. Sem pressa, sem susto. Apenas atentos ao que, no meio daqueles res-tos, pudesse significar possibilidade de alegria. Próxima a eles, sem alarde, uma jovem — irmã?, mãe? — a lhes proteger o labor e guardá-los da ameaça dos soldados.

A tropa continuou seu passo ininterrupto. Somente os olhares se detinham aqui e ali, fixando detalhes esparsos da crônica de sua ventura. Mas Ulisses foi atraído pela cena da jovem mulher e das crianças. E a dor cravou-se nele profundamente. Marchava rumo a outras cidadelas a serem tomadas, tropas desalojadas, casas explodidas, famílias jogadas à própria desgraça, expulsas da região, do lar, alienadas do fogão, do guarda-roupa, das bonecas.

As ruínas em torno daquele pedaço de família no caminho de Ulisses significavam a vitória em uma batalha. Uma ficha na mesa em que seriam apurados os resultados que seriam trocados por interesses materiais do acordo de paz. Nenhum dos homens que assinariam esse documento havia, em qualquer dia, ajoelhado-se diante das ruínas de suas casas em busca de restos de algo indispensável às suas vidas.

Naquele dia, Ulisses nada perguntaria ao seu senhor. Temia sua própria pergunta. Temia saber a resposta.

Nada encaixaria aquela família em alvos militares. Ele poderia receber todas as explicações, mas não obteria nenhuma justificativa para a dor daquelas vítimas.

Ao mesmo tempo, era uma fresca manhã, depois de dois dias de muito calor e o fogo do cerco ao vilarejo. O medo dos balaços voando sobre suas cabeças os fazia permanecer colados ao fundo das trincheiras, erguendo-se apenas para atirar e para pular para o buraco seguinte, semelhante aos anteriores, abafado, quente, embarrado de suor e sangue, impregnado dos odores de medo e de urina.

Agora, à medida em que se afastavam do vilarejo, o céu ficava muito claro. À esquerda estendia-se um amplo vale, ainda com neblina baixa em alguns pontos. Adiante, a única construção visível, uma olaria. Nenhuma brisa soprava e a fumaça das fornalhas subia absolutamente reta no ar frio lá embaixo. Era como se aquele vale estivesse fora da guerra. Sem edificações e à margem do caminho principal, não havia por que a guerra ir buscá-lo. E ali a vida seguia seu curso retilíneo, como o de sua fumaça.

Essa normalidade, quase desconhecida por Ulisses, trouxe-lhe o desejo de proteger alguém como aquela jovem e seus irmãos — ou filhos? — das ameaças produzidas por homens como ele. Pela primeira vez, pensou para além de si e de sua própria proteção e sobrevivência física. Naquele dia, Ulisses sentiu que desejava voltar à casa, a uma casa sua. E imaginou o que seria amar alguém. Ter alguém por quem velar, como aquela mulher às suas crianças. Queria estar, como aquela olaria isolada em meio ao imenso vale, alheio à máquina de matar, dentro da qual marchava. Mas devia seguir sua jornada, sob o céu limpo e muito claro, com alguns fiapos de nuvens varridas.

XXI

Os rapazes receberam outra encomenda de cobrança. Era um estancieiro casca-grossa, dado a tomar bens de pequenos proprietários e a dever sem pagar a comerciantes. Havia feito um empréstimo grande, inutilmente cobrado nos prazos. Numa noite, o credor foi visitado em casa por três peões do credor, enormes e mal-encarados. O patrão mandara lhes dizer que não poderia pagar antes do Natal.

No próximo vencimento não veio a cobrança, e o fazendeiro acreditou que, com o susto, o agiota desistira do crédito.

Pouco depois, Ayad apareceu no acampamento dos guerreiros.

— Quem não cobra se desmoraliza com os demais devedores. Meu negócio só funciona se todos souberem que dívidas devem ser honradas.

O devedor confundira cautela com covardia. Não imaginara o inferno que pode ser uma quadrilha de jovens armados e solidários na cobrança.

Ao final da madrugada, como relâmpago que pisca antes que o ruído exploda, caíram de surpresa sobre os jagunços do fazendeiro, eliminando qualquer possibilidade de resistência. Então entraram na casa para cobrar a dívida. Demorou toda a manhã. O homem enrolava, insistia que não tinha como pagar naquele momento, porque a seca, porque a enchente, porque a aftosa, porque os gafanhotos, porque a sogra doente... Quem sabe no mês que vem as coisas melhoram? Depois tentou oferecer objetos, porcelanas, algumas adagas de coleção, sua guaiaca incrustrada com moedas de prata, a caixa de joias da esposa.

— Não, as joias da senhora não nos interessam. Não é dela essa dívida. O senhor pagará. Em dinheiro vivo.

Enfim, quebrar os pulsos do sujeito foi mais eficiente para ajudá-lo a lembrar a senha do cofre. Depois, arrancar-lhe a roupa e alisar seus bagos com uma adaga fininha ajudaram-no a lembrar onde cavar no jardim para desenterrar outro tanto de ouro.

— Bueno, tá feito o serviço, gurizada. Vamos pegar a estrada, entregar o dinheiro pro turco e receber nosso pagamento. Se tudo correr bem, em dois dias já poderemos dormir com as primas na zona.

Como de praxe, pegaram algumas ovelhas, mantas de charque, arroz, feijão, farinha para consumo do grupo, munição, barricas com pinga, uma carreta para a carga e partiram ainda no meio da tarde.

Para trás, bem armados e ocultos pela mata e barrancos à beira do caminho, ficaram alguns deles, para dar cobertura à retirada. Somente após muito tempo de observação, se não percebessem nenhum movimento de perseguição é que seguiriam o rastro dos companheiros.

A marcha curta mantinha todos de bom humor, pela certeza de que teriam mais uns dois ou três meses sem apuros financeiros, pelo reforço do caixa e da despensa.

Em poucas horas já estavam desmontando na área escolhida pelos batedores, junto a um riacho empedrado, e tratando de rapidamente montar o acampamento e a cozinha.

Postado de sentinela à retaguarda, Luciano percebeu algo que se movia, recortado contra o horizonte vermelho. Protegido pelo escuro que já envolvera a mata, ficou atento até conseguir ouvir o trote de um cavalo e o bater de correntes nas madeiras do que, à distância, parecia ser uma pequena charrete de passeio. Na virada de perfil foi possível reconhecer, pela silhueta, que era uma aranha de dois lugares, com porta-malas.

Mais um breve tempo e chegou ao alcance do tocaia. Saltou à frente com a arma apontada para o condutor.

— Que isso, que isso?! Pelo amor de Deus, não me atira, sô eu, o Aureliano! Não me atira!

— O que tu tá fazendo com isso?

— Tô voltando, me atrasei...

— O que tu tá fazendo nessa aranha?

— Tava atirada lá na fazenda do cara, eu tinha umas coisa pra carregar...

— Que coisas?

— Umas coisa no galpão.

— Quero ver.

— Coisinha sem importância. Tavam jogada lá.

— Quero ver.

— Aí atrás, no maleiro. Mas me abaixa essa arma, homem.

— Pelegos, arreio, duas, três, quatro adagas, botas quase novas... Linda essa guaiaca! Os medalhões parecem prata.

— É não. Deve ser latão banhado, coisa sem valor.

— Parece prata. Tô achando que isso não veio do galpão, não. Tu entrou na casa grande?

— Foi só pra dar a geral se não tinha ficado nenhum atirador.

— E aí garfaste o velho.

— Um pouco só.

— Mas tu não sabe que a chefia não quer roubo?

— Foi pouca coisa, sem valor pra venda, é mais de uso pessoal. Não qué ficar com a guaiaca e alguma adaga? A bota, quem sabe.

— Não. Eu vou ter que levar tudo pra chefia.

— Ora, deixa ficar alguma coisa.

— Não sei...

— Quem sabe a gente divide?

— Não sei...

— E esquecemos isso.

— Então... Pega aí as botas e os pelegos e te manda. De boca fechada.

— E uma das adagas?

— Pega. E desce.

Luciano subiu à charrete e foi tocando-a devagar. Gostou da maciez do banco, com molas. Rodou um trecho mais, diminuiu a marcha, parou. Por uns momentos observou a luz distante das fogueiras do acampamento, pensativo. Então deu a volta e se embrenhou no mato, ocultando charrete e cavalo.

Por dois dias Luciano se escalou como vigilante na retaguarda. Apresentava-se, dava o serviço e voltava lá para trás. Muito atrás, pelas dobras das coxilhas e baixios do terreno, onde não podia ser avistado com a charrete.

Dias depois, foi ao vilarejo à noite e a escondeu no estábulo municipal. Quando saía, topou com Onofre.

— O que tu anda fazendo aqui?

— Viemos molhar a garganta e ver mulheres. E tu? — disse Onofre.

— Cheguei há pouco, também pensei em dar uma volta. Mas já vou voltar pro acampamento.

— Vou buscar meu cavalo pra dar uma chegada na zona.

— Pode deixar que eu trago pra ti. Eu tava mesmo indo ao estábulo.

Luciano saiu, rápido, mas o camarada o seguiu.

— Eu vou junto. Preciso encilhar meu animal.

— Não precisa ir até lá. Pode esperar no bar que eu já levo.

Saiu quase correndo e Onofre virou-se para ir ao bar. Mas revirou-se. Aquele risinho soara falso. Tem coisa aí. E tomou o mesmo rumo do rapaz.

À luz de uma lamparina, o interior do estábulo era pouco mais que breu. Sentia-se a presença dos animais, mais do que se avistava-os. O comandante parou para acostumar os olhos à penumbra. Atraiu-lhe a atenção a fraca luminosidade de um lampião, vindo do fundo do estábulo, distante das baias dos cavalos. Em silêncio, acercou-se e então viu Luciano curvado, mexendo no maleiro de uma charrete.

— Que é isso aí?

— Não sei — disse Luciano. — Vi aqui e vim inspecionar.

— O que estavas mexendo aí?

— Dando uma geral, examinando.

— E o que tem aí?

— Cheuvê. Um arreio, três adagas, uma guaiaca…

— Essa aranha não estava aqui quando chegamos. De onde surgiu?

— Que sei eu?

— Não tava aqui. Chegou há pouco. Tu trouxeste?

— Eu, não. Nunca vi.

Onofre deu uma volta em torno da charrete, examinando-a. Olhou novamente para o maleiro, pegou a guaiaca, afivelou-a à cintura e nela prendeu uma das adagas.

— Vou requisitar a charrete e levá-la ao comando, pra decidir o seu destino — pegou as outras adagas e a sela e as jogou aos pés de Luciano. — Ficam pro teu uso. Agora atrela o animal à aranha, que vou visitar as primas.

Luciano ficou com o olhar desfocado sobre as facas, e Onofre seguiu dizendo:

— E, olha, já sabes: se alguém te perguntar, melhor dizeres que não tens nem ideia de que charrete é esta.

XXII

Como já havia algumas mortes em combates e outros tinham decidido abandonar as armas e viver na cidade, tiveram que incorporar alguns rapazes ao grupo. Seriam os primeiros que não haviam lutado com eles nas guerras históricas do Sul.

Haviam sido, também esses, meninos maltrapilhos e ranhentos, sem família que os alimentasse, sem grupo que os amparasse. Muitos acorriam à beira das estradas para ver a tropa passar. Logo passaram a segui-la, mesmo a pé, vivendo da rapina dos restos dos ataques. Depois, serviram como olheiros e base de apoio, a lhes conseguir coisas nos vilarejos próximos, indicar gente abastada a quem oferecer seus serviços, a quem achacar. Cresceram, roubaram os primeiros cavalos, e apresentaram-se ao comandante, pedindo sua admissão. Como havia vagas, alguns foram aceitos. Aderiam a um grupo de proteção, a um estilo de vida e a um método de sobrevivência. Não começavam de uma identidade, afinidade, lealdade, compromissos e história comuns.

Isso marcou a mudança do equilíbrio de razões e de poder que vinha silenciosamente se processando havia tempo no grupo.

Um dos novos tinha gosto por violência, em si. Mais que o temor à morte, a fazê-lo recuar ante as armas de outrem, a possibilidade de ser mais rápido, mais preciso, mais destrutivo, letal, mortífero que o oponente, o excitava. Esse jogo — matar antes que fosse morto — o animava tanto que a possibilidade de ser definitivamente atingido já não tinha mais nenhum significado aterrorizante. Era apenas sua aposta. Nascera em uma prole imensa e paupérrima, da qual cedo se desgarrou e partiu para uma fazenda em meio a dezenas de peões sem nome, encontrável no final de qualquer fila que distribuísse alguma coisa. Transgredir, então, tornou-se para ele o meio de exercer algum protagonismo, de requerer uma identidade, ser percebido, ser contado. A violência se transformou em linguagem, seu discurso ao mundo, seu espetáculo pessoal. Não precisava de pagamento ou de mandato para isso. Mas precisava, isso sim, sempre deixar sua marca. Necessitava do reconhecimento de sua autoria.

Na fazenda a que serviu, um peão tentou enrabá-lo. Lutou, apanhou, gritou, outros vieram acudir, amarraram o tarado e levaram ao patrão. Os empregados pediam licença para enforcá-lo. O homem juntava as mãos e jurava por sua mãezinha morta que era inocente, dizia ter sido mal-interpretado pelo menino. O senhor mandou chamar o garoto para confirmar a acusação. Ele negou. Talvez tivesse sido mesmo somente um abraço de amizade e ele tivesse confundido com outra coisa. Em consequência, soltaram o peão, a contragosto dos demais, que o tinham por reincidente.

Os dias se normalizaram e foi como se tudo tivesse voltado à rotina.

Mas, semanas depois, à sombra da noite, o homem foi pego. Quando passou ao lado do galpão, o menino saltou às suas costas e enlaçou-lhe o pescoço com um pedaço de arame. Puxou e o trançou num instante. Surpreso, o sujeito tentou abrir a forca de metal, as mãos tateando a morte montada em seu cangote, trocando pés, as forças lhe faltando, a boca escancarada em busca de ar. Olhos saltando das órbitas, cara roxa, língua inchada a lhe transbordar da boca, cai de lado; pateando em desespero, estende as mãos para agarrar-se a qualquer coisa, em busca de apoio para erguer-se. O guri então abaixou-se, arrancou-lhe do próprio cinturão a adaga e a entregou.

— Agora escolhe: ou morres sem ar, ou morres perdendo sangue. O que pode ser mais rápido?

— Por que tu não deixaste para o patrão mandar enforcá-lo?

— Não me sentiria reparado se ele fosse morto por outra pessoa. Precisava que eu mesmo o desencarnasse.

Começou designado para a montagem e vigilância dos acampamentos.

Tudo, então, mudou para ele. De guri sem nome, sem família, sem protetor, agredido e violado, encontrou um grupo, um lugar, uma função, um papel.

— Se eu vacilar, fraquejar ou dormir durante a vigília, podemos ser atacados e muita gente nossa pode morrer. Eles dependem de mim. Aqui todo mundo me conhece, sabe o que eu faço, confia em mim e me chama pelo nome: Atilhano.

Nesse exército em transformação, sua loucura e destemor atraíram a atenção dos companheiros, que logo o identificaram como um dos seus. Pouco a pouco, sendo observado e testado, foi admitido ao grupo da retaguarda para vigia e proteção. A cada ação os companheiros voltavam agradecidos por terem escapado sem perdas, porque ele e outros haviam ficado para trás, retardando e enfrentando eventuais perseguidores.

XXIII

Dois rapazes pararam Ulisses, de passagem.

— Acho que não vai dar mais. Vamos ter que abandonar a tropa e ir nos oferecer pra trabalhar em qualquer birosca que cruzarmos pelo caminho.

— O que foi que aconteceu, homem de Deus?!

— Fora a fome, nada, não. E tem mais gente com a mesma vontade.

— Olha, Ulisses, aqui é o lugar onde a gente mais quer tá no mundo. Tem liberdade, tem respeito, tem camaradagem, a gente proseia e se diverte...

— E ainda tem as peleias. A gente é uma família. Tu é um baita comandante!

— ... mas às vezes, como agora, passa muito tempo sem ter comida suficiente.

Ulisses, constrangido, tentou justificar:

— É, tá um período brabo. Poucos contratos, a entrada de dinheiro é muito irregular. Tem passado muito tempo entre um e outro. Somos completamente dependentes das encomendas de ação. E agora estamos numa baixa. Mas todo o dinheiro que entra, nós gastamos com a tropa, com comida, roupa, munição. Vai tudo para nossa reprodução.

— Sim, vai tudo, a gente sabe, não duvida, não.

— Mas temos que comer. E vestir. Esse inverno tá brabo! O estômago arde, a roupa já se foi, tem muita gente de pé no chão, a bota gastou, tá só no cano.

— Olha, Ulisses, tu tem a nossa fé desde que chegaste. Essa é a vida que queremos e tu tem nos alegrado com cada vitória e cada arrastão de comida. Mas, se eu não comer por três dias, minha cabeça se abala, eu sinto raiva da vida e só penso em tristeza.

A Ulisses faltava o que dizer. Todos ali, mesmo os que exerciam algum comando, viviam a mesma situação. Ninguém permitiria que se criasse qualquer privilégio, nenhuma divisão de classe entre eles. A maioria escolhera participar dessa tropa justamente pelos princípios de liberdade, igualdade e fraternidade.

— Eu decidi que seria dessa forma que eu iria viver. Muitos de nós não tinham muito o que escolher, mas outros têm família e ainda assim preferem viver aqui, como iguais, dividindo até a necessidade, para serem felizes — Ulisses ouviu ecoar sua frase e ficou com vergonha de si mesmo. Os companheiros que o pararam para falar queriam comer todos os dias, apesar de viverem no lugar mais feliz que poderiam escolher. Seu problema era responder por quanto tempo a felicidade sublima a fome. Já tinham essa resposta, mas Ulisses a recolocou:

— Quanto tempo mais vocês me dão pra tentar resolver, antes de desistirem?

Logo depois, o grupo iniciou uma conversa que se alongou por dias.

— Se o modo como vivemos nos faz bem, mas não nos mantém, o que fazer? Continuar só por contrato não nos garante comer sempre.

Rafael tomou a iniciativa:

— Podemos partir pro assalto. Fechar um povoado por todos os lados e entrar de casa em casa, recolhendo tudo.

Deodato fez as contas:

— Não é suficiente. Pra fechar uma vila e ainda entrar de casa em casa, precisaríamos do quê? Mais de quarenta homens. Teríamos que incorporar muito mais gente do que temos. E quanto mais de comida precisaríamos conseguir pra alimentar ainda mais bocas? É um problemão a mais. Não fecha a conta.

Ulisses terminou por sepultar a proposta:

— Além de que cada atropelo desses nos garantiria, sei lá, um, dois meses. Na melhor das hipóteses, precisaríamos fazer seis grande ataques por ano. Imagina a atenção que atrairíamos atacando cidades. Cairia a polícia em cima de nós. A primeira coisa de ruim que nos aconteceria seria os pobres passarem a nos temer. Acabaríamos isolados e facilmente seríamos destruídos. Não se assalta pobre.

— Então, voltamos ao início? Ou o quê?

XXIV

Onofre foi à cidadezinha próxima e apareceu desfilando de charrete na zona, com pose e traje de doutor. Pelo meio da tarde, passou devagarinho, solene. Daí a pouco, passou de volta.

Na semana seguinte, passou para lá, passou para cá, desceu no puteiro. Sobrancelha direita levantada, pediu um uísque. Deitou com a mais linda. Acordou enrabichado, jurando eterno amor.

Não conseguia pensar em mais nada, concentrar-se em outra coisa qualquer. Passou semanas oferecendo-se para ser responsabilizado pelas compras da tropa na cidade. Manobrou tanto que conseguiu.

Ia com o carroção de carga, mais um auxiliar. Faziam as compras e deixavam tudo sob guarda no estábulo, onde Onofre escondia a charrete e sua malinha. Vestia a fatiota de linho branco, o anel de pedra vermelha e ia almoçar e sestear com seu amor. No final da tarde deixava sobre o criado mudo uma lembrancinha, uma caixinha de música, alguma joia roubada num rescaldo. Voltava a guardar a aranha e a fantasia de doutor, e retornava ao acampamento, com suspiros que desciam ao fundo dos pulmões.

Em compensação, durante os ataques era dos mais diligentes na rapinagem. Sempre encontrava algo lindo para presentear sua amada. Ela choramingava, fazia beicinho, ele corria a demonstrar seu amor. Cada dia roubava com maior avidez da despensa da tropa e nas incursões.

Dizem que foi Luciano quem denunciou metade de seus crimes aos comandantes. Ou o auxiliar. Vai saber...

— Estás bancando mulher na zona? Com que dinheiro? E essa história de charrete, de onde pegaste isso?

Onofre ficou retido no acampamento por mais de um mês. Mas não contou sua história. Afastaram-no das compras na cidade e da despensa. Não conseguiu sequer se manter no grupo que protegia a retaguarda durante as retiradas.

Quando conseguiu mandar um emissário à cidade, este não encontrou nem mala, nem charrete, nem mulher. Os bens materiais, em local incerto e não sabido. Ela teria ido visitar uma madrinha em sua aldeia e nunca mais foi vista.

XXV

Após comerem, Ulisses descansava à sombra de um ipê, de onde avistava o vale inteiro e o restante do grupo, sesteando entre o arvoredo. Ele estava muito irritado.

— Nós tínhamos um pacto de solidariedade. Todos devíamos proteger cada um e não permitir que ninguém pusesse o grupo em risco. Nunca foi problema andar de um lado para outro nessa terra, para sermos livres e felizes, dividindo tudo. Mas agora aparece essa coisa de que tem gente roubando à parte.

Isso o incomodava crescentemente.

— Ninguém disse que seria diferente.

— Mas tampouco dissemos que seria assim, cada um por si. Fomos arrastados pela cobiça.

Miguel ecoa o que muitos ali pensam:

— Nessa miséria vivemos todos, nossa vida inteira. Mas nossos patrões viviam no conforto, sem preocupação com o que iriam comer daí a um mês. Mas nós temos medo do dia seguinte. Nem podemos lavar a roupa fedida, porque às vezes não há o que vestir enquanto seca.

Bibiano aponta para o grupo sesteando, disperso, à sombra do arvoredo:

— O que mudou é que a motivação que temos pra afiar as armas e montar deixou de ser só pra comer agora e cagar à noite. Queremos vestir, morar, comer mais e melhor, estender os pés diante de uma ladeira, beber mais do que água.

Apresentava-se a eles a dificuldade de suportar a contradição entre necessitar, desejar, poder, mas não dever.

Ulisses acreditava estar externando franca e lealmente a companheiros e amigos suas preocupações. Mas não percebia que sua posição constrangia e incomodava a muitos dos rapazes, que faziam disso exatamente sua razão de vida. Gostavam de viver sem senhores e sem padres, com o sol e as estrelas por teto, fora das leis e longe das autoridades. Mas, com armas à mão, podiam pegar o que lhes faltasse e agradasse. Era uma vida, a seu modo, feliz.

Ulisses foi vencido pelos fatos. Haviam aprendido como extrair para si próprios as vantagens do temor que causavam à sua passagem, mãos livres a horrorizar o continente, porque não estavam dispostos a voltar a comer migalhas. Com ou sem comando, vários deles já se sentiam liberados para tomar o que para si fosse necessário.

Se a liderança continuava a alugar a força do grupo para alimentar e vestir a todos, alguns haviam passado a escolher objetivos próprios, para sua apropriação individual, piratas sem capitão. Não houve uma assembleia na qual deliberassem que se tornariam assaltantes. Sequer confessariam essa ideia. Mas pouco a pouco isso foi se tornando seu propósito principal, o objetivo de manter aquela fração, crescente, do grupo em movimento.

Ao retornarem da casa dos pais e se reintegrarem à tropa dos companheiros, Miguel e Rafael escolheram marchar sempre atrás dos demais, protegendo a retaguarda. Terminados os combates, um pequeno grupo permanecia na área ainda por algum tempo, para prevenir eventuais contra-ataques e proteger a retirada do grupo principal.

Com a experiência desenvolvida na guerra dos Senhores, os irmãos sabiam o que procurar e faziam uma rápida garimpagem de pequenos objetos de valor. Inicialmente sozinhos, depois, com Alfredo, Luciano e Rato, rapinavam de modo relativamente discreto. Mas muitos dos guerreiros sabiam disso e a prática gradativamente foi se generalizando e se naturalizando, às costas dos comandantes. O acúmulo de bens pessoais demonstrou a cada um deles que a decisão era a correta.

Rapidamente saqueavam o local e se retiravam menos pobres. Depois, galopavam e seguiam o grupo principal, cobrindo a retaguarda e protegendo os carroções de carga, como se não houvessem se afastado deles. Atilhano dava-lhes cobertura. Pagavam-no com parte do saque. Assim, num só assalto enchia sua mala de garupa com o que jamais tivera em toda a vida. Não importava o que os líderes dissessem, ele devia lealdade somente ao grupo da retaguarda, que se constituía e se identificava no próprio caminho:

— Quem está conosco?

E, livremente, aderiam os que marchariam à parte dos comandantes.

Após uma ação, o pelotão de rescaldo não retornou ao acampamento com a tropa. Ninguém lembrava de tê-los visto depois do ataque. Tampouco estavam entre os mortos. Enviaram uma patrulha para procurá-los, sem sucesso. Voltaram no meio da tarde, felizes, gargalhantes e bêbados, arrastando um baú. Um deles trazia um colar feminino no pescoço, pulseira e anéis. Após o combate, haviam se retardado aos demais para buscar bens entre os destroços. No caminho de retorno, um pouco desviados do rumo, passaram próximo a um amontoado de casas e pararam para buscar bebida e diversão. Terminaram com o álcool e decidiram procurar mulheres, empregando toda violência para afastar do caminho pais e irmãos.

Depois, loucura incontrolada, arrombaram casa a casa. O baú continha as prendas do saque.

Quando Atilhano sacou do bolso da jaqueta uma calcinha ensanguentada, Ulisses interrompeu o sorriso malicioso do rapaz com um murro no nariz. Já o segurava pelos cabelos e descia sobre ele sua adaga, quando foi travado pelos demais.

A discussão foi aos berros:

— Vocês nos envergonham! Não somos monstros!

— Só estávamos nos divertindo.

— Estuprando, roubando?

— Ora, Ulisses, só estamos tomando coisas de que precisamos. Apenas pegando coisas pra nossa manutenção e pras necessidades.

— O que é "nossa necessidade"? Então, se nossos desejos imediatos são a medida pro que podemos fazer, o que nos impede de pilhar cidades inteiras, violentar todas as mulheres, como outros fizeram com nossas mães e irmãs? Logo acreditaremos que podemos tudo. Logo abusaremos das crianças, como fizeram com muitos de nós. Então, de todo o continente enviarão tropas pra nos caçar, não porque eventualmente fazemos o mal, porque isso é aceitável e praticado por todos eles, mas porque nos tornamos o próprio mal. Isso é assustador pra eles. Por isso nos temerão e por isso virão contra nós.

A discussão surpreendeu até mesmo seus protagonistas. Revelara uma profunda divisão sobre esse assunto. Era a primeira vez que eles discutiam abertamente sobre suas escolhas e perturbaram-se ao perceber que sua identidade de interesses e valores estava se rompendo.

A tensão crispou a todos. Miguel ombreou com os companheiros que divergiam de Ulisses, sem perder de vista Rafael, que recuara para fora do campo de visão do comandante, mãos apoiadas nas armas.

Surpreendentemente, o silencioso Rato elevou a voz, vomitando o que trazia engasgado desde sua desgraçada infância:

— Eu nunca tive nada de meu. Pra mim nunca chegou nada do que os outros receberam sem pedir. Comigo não me fale dessas coisas aí de se controlar, de não pegar. Me fale de dormir em cama, de prazer, de comida, de coisas bonitas! Não me diga o que eu necessito. Eu decido o que eu preciso, se de lei ou de felicidade.

O silêncio da tropa e sua proximidade compacta expressavam de que lado cada um estava.

O assunto não terminaria aí. De parte a parte sabiam que não adiantava tentar avançar. Pelo menos, não naquele momento. Aos poucos foram se afastando, silenciosos, ruminando seus sentimentos. Atilhano, que quase fora esfaqueado por Ulisses, retirou-se para sua barraca, olhos nele.

XXVI

Os assaltos improvisados a vilarejos geraram mais prejuízos do que ganhos aos assaltantes. Roubaram em quantidade, mas coisas de baixo valor de troca. Muito rebuliço, muito barulho, munição gasta em tiros para o alto, mas ninguém encontra fortunas em bolsos de miseráveis.

Além do pouco lucro, em várias incursões tiveram que sair com o rabo entre as pernas e se esconder para lamber as feridas.

Numa dessas, tiveram mortos.

O ataque improvisado tinha todas as chances de dar errado. E deu.

Os rapinadores liderados pelos irmãos ouviram falar de um fazendeiro abastado, "pros lados de lá", proprietário de muito gado, que teria até cofre na casa. Ao grupo, juntaram mais uma meia dúzia de desocupados que diziam conhecer o lugar.

— Esses sujeitos passam o dia encostados na porta do bolicho, cuspindo na calçada. Duvido que conheçam essa fazenda — disse Luciano.

— Que nada. Dois deles disseram que até trabalharam no matadouro do velho — rebateu Miguel, confiante nas informações.

A estradinha vicinal elevava-se, antes de fazer uma curva e descer para a fazenda. Dali puderam avistar toda a área. Um casario, logo depois da cerca. Bem adiante, uma casa grande e alta, galpões, duas estruturas em alvenaria.

— Naquele cercado de pedra fica o matadouro — informava o guia. — Aquele negócio comprido atrás é a charqueada.

— E isso aqui mais perto?

— São as casas da peonada.

Charqueadas necessitam de muita mão de obra. Muita gente trabalhava e vivia ali com as famílias.

Quando os rapazes desceram a galope, esse povo não precisou ser convocado pelo patrão. Pegou em armas para defender sua família, suas casas, seus poucos bens, seu trabalho e mais os bens do patrão e a terra dele. A maioria dos empregados crescera ali. No cemitério da fazenda estavam enterrados antepassados seus, desde a escravidão. Lutaram por suas vidas e também por seus antepassados e sua memória. As raízes eram profundas.

Na fazenda ficaram muitos corpos, dos dois lados.

XXVII

Quando Ulisses ameaçou os que haviam participado dos saques e dos estupros, não tinha ideia da intensidade das carências com que estava mexendo. Isso produziu mais frustração e a correspondente carga de ódio. Naquelas incursões buscavam compensações. Comida, bebida, coisas coloridas ou brilhantes, roupas vistosas ou extravagantes, suas ideias de beleza, prazer e conforto. Gravuras, almofadas, candelabros, doces, bebidas, armas. E toda e qualquer mulher que alcançassem.

Mas, muito mais que a posse compensatória para sua pobreza e frustrações materiais e afetivas, esses jovens guerreiros descobriam, por fim, um prazer superior: poder fazer. Nada havia que lhes fosse interdito. A sensação de que não havia mais ninguém a lhes proibir, a lhes determinar. Armas à mão, tinham acesso ao que desejassem. Mais: perderam a transparência dos insignificantes e dos pobres. Não apenas eram observados atentamente, como acreditavam que lhes tinham o respeito advindo do temor. Passaram a valer-se da covardia e a subserviência dos outros e gostaram de servir-se deles. Determinados a nunca mais sofrer privações, parte dos guerreiros havia escolhido a expropriação como seu meio de vida, independentemente do que pensassem ou decidissem os comandantes. Os resultados confirmavam suas escolhas, os reafirmavam e a tudo justificavam. Não havia como retornarem à inocência.

Isso, Ulisses não percebera a tempo. Estava em outra guerra, em outra vida.

Augusto ponderou:

— Muitos concordam com eles. Querem mais.

— Até podes ter razão. Mas a força da indignação não é maior que a da lealdade. Com a barriga cheia, isso tudo passa. A maioria é leal. Vamos voltar a isso.

Ruminando o assunto por algumas madrugadas, Ulisses voltou a tratá-lo com os mais próximos:

— Precisamos criar uma Intendência. Um ou dois que se dediquem a garantir o sustento da tropa, encarregados de procurar alimento e roupa. Ou comprando, ou tomando em ações contratadas. O que acham disso? Não podemos ficar dependentes somente do pagamento das encomendas e de tomar a comida estocada pelo derrotado, pra manter a tropa.

— É, não resolve totalmente. Mas nos dá sobrevida, enquanto pensamos numa solução melhor.

Dias mais tarde, nomearam um intendente, Bernardo, e lhe atribuíram o papel de organizar um programa de compras e saques para a manutenção da tropa, grãos, carne, legumes, bebidas, animais, vestuário.

— Calçados e armas serão distribuídos conforme as necessidades mais urgentes. Ele fará o registro do que pegarmos e do que distribuirmos, e a quem.

— Então está deliberado. Feito!

O sistema funcionou e consolidou-se com a eficiência da coleta e administração do abastecimento.

À base de informações, Bernardo listou fazendas e entrepostos onde sabia haver grande estoque de gêneros. Em rápidos ataques, passavam o pente fino nos galpões, paióis, despensas, recolhendo tudo o que houvesse para comer e beber. Nas casas, entravam somente para arrecadar roupas, calçados, armas e munições. Com frequência enchiam mais de um carroção, o que lhes garantia paz interna por dois, três meses. Depois, organizavam a distribuição. Cuidavam para que cada um recebesse o necessário e não faltasse alimento.

Foram suspensos os assaltos a comunidades. Deveriam se restringir às ações contratadas. Mantinha-se a proibição a saques a moradias de empregados. A violência desnecessária seria tratada como crime.

Por algum tempo, a nova ordem foi respeitada.

Entretanto, quando as barrigas pararam de roncar, os outros desejos voltaram a se manifestar.

Quando os irmãos flagraram o comandante Bernardo embolsando um anel, sentiram-se liberados e os saques voltaram a ser rotina. As inspeções aos paióis atacados também voltaram a se estender às mesas de cabeceira, penteadeiras, fundos de armários, em busca de joias e adornos.

No retorno de uma das ações planejadas, o grupo de expropriações cruzou à distância por um vilarejo. Nos dias seguintes, alguns do grupo de assalto foram espionar o lugar.

XXVIII

As famílias da vizinhança já partiram, o dia nem bem clareara. Como a ventania que precede o temporal, a notícia da aproximação dos assaltantes vem veloz, correndo à frente da tempestade, e gela até os ossos, anunciando o dilúvio de destruição e abusos iminentes.

Desesperados, os homens corriam em volta das casas, reunindo o pouco que pudessem juntar apressadamente, as ferramentas de trabalho e sustento e os bichos pequenos de comer, também estes alvoroçados com a correria e gritos das pessoas. Choravam as mulheres, recolhendo alimentos na despensa, arrancando os filhos das camas, algumas roupas além das que vestem, uns poucos pertences, e esgota-se a capacidade de carregar, estrada afora, pouco do já quase nada que conseguiram acumular em anos e anos de trabalho pesado e sofrido. E gritavam as crianças, arrastadas pelos braços e cangotes, assustadas com o desespero dos adultos. Em pânico, saíram às carreiras antes que a horda chegasse até ali e levasse também suas honras e vidas, além dos bens. Perdiam tudo para os gafanhotos armados, com os quais ninguém daquele casario humilde tinha qualquer coisa a ver, nem contra nem a favor.

— Apressa que aí vem a tropa! — que logo cairia sobre aquele lugar, raspando tudo que encontrasse de aproveitável.

E partiram pela estradinha levando o barulho das carroças, o bater de latas, cangalhas, panelas, bacias, gritaria dos adultos, choro das crianças, balidos, cacarejos, latidos, mugidos, relinchos, sulcos das rodas, poeira, deixando para trás suas vidas.

Apenas uma mulher não correu. Sentada na sala silenciosa, ela olhava uma imagem antiga de família, pendurada na parede. Uma festa, um almoço de domingo, registrada entre o último prato e a sobremesa. Antepassados mortos há tanto tempo, que ela já não pensava mais na maioria deles. São mortos congelados no quadro, já sem a alma, que se lhes escapou durante os longos segundos em que tiveram de permanecer imóveis e inexpressivos frente ao obturador de entrada de luz para o negativo fotográfico de lenta fixação. Somente o rapaz à direita do grupo parecia conservar a vida na imagem tremida pelo movimento rebelde de levar uma garrafa de bebida à boca, em sorriso brincalhão. Vivos e presentes, só ele e o líquido que descia pelo gargalo, rumo à garganta. Só eles mantêm-se felizes e em movimento naquela família empalhada.

A mulher sorri para seu homem e, por causa dessa imagem pendurada, recusa-se a fugir. Se retirasse a foto da parede e a levasse consigo, seria como desalojar a família, ofender gravemente os antepassados, ao arrancá-los do lugar onde nasceram, pariram e morreram. Seria dar as costas à sua história, apartar-se da cama que ainda guardava as lembranças do corpo nu do homem alegre da fotografia, distanciar-se das paredes que ainda ecoavam seus ais e seus risos e onde ainda estava decalcada sua mão suja de tinta.

— Não deixarei que uns bandidos tomem meu passado. Minhas lembranças têm a ver com os cheiros, imagens e ruídos dessa casa. Distantes, se desvaneceriam e eu perderia todos os registros da minha vida. Esvaziaria minha memória.

— Corra, vizinha, a tropa vem perto! — haviam-na prevenido.

— Eu fico — decidira.

— Eles podem lhe matar!

— Fora daqui já estarei morta, porque não tenho nem forças nem posses para construir outra casa, nem como me sustentar, nem filho nem genro que me amparem. Esse é o único lugar que tenho, o único onde posso viver e desejo morrer.

Os vizinhos sumiram na distância. Ficaram os pássaros, que nada sabem disso, e o vento. O sol já iluminava tudo, marcando a sombra da mulher contra a porta da casa. Ela esperava, braços cruzados. Hoje de nada adiantará ordenhar a cabra, pois provavelmente não lhe darão tempo para preparar o queijo. Nem recolher ovos, pois não acredita que haverá omeletes no início da noite. Nem limpar a casa, porque certamente chegarão pisoteando e sujando tudo. Melhor esperar e ver o que acontece e, então, decidir o que fazer nesse dia tão atípico. Por isso ela os espera diante da porta.

O tempo passa. De quando em quando caminha até à cerca, examina a estrada até onde a vista alcança. Nada deles. E volta para seu posto. O olhar e os pensamentos passeiam pelo jardim. Param num canteiro de velhas roseiras brancas e — é curioso como isso acontece — imediatamente é transportada para a tarde em que as plantou, muitas décadas antes, voltando exatamente aos mesmos pensamentos que lhe ocorreram naquele distante momento. Estava, então, magoada com o irmão, dois anos mais novo que ela, ambos já adolescentes. Ele não fazia suas tarefas, e a mãe convocava a ela, sempre disciplinada, para que arrumasse a desordem do malandro. Era preguiçoso e folgado. Só sujava e desarrumava, comia e dormia, tirava, jogava, usava, danificava, abria, espalhava. Em nada contribuía para erguer, juntar, limpar, facilitar as relações familiares. E ainda havia deixado aberto o portãozinho, por onde entraram os cães que destruíram o canteiro ao qual ela havia dedicado uma tarde inteira de trabalho. Lembrava disso e retornava com muita intensidade a irritação que o irmão relapso lhe provocara. Ouviu o rangido e gritou, raivosa, ainda de olhos na terra:

— Fe-cha-es-se-por-tão!

Os rapinadores foram acercando-se em silêncio. Não haviam levantado informações sobre o vilarejo pacato e não sabiam se haveria gente armada ali. Preferiram não alertar os moradores todos de uma só vez, porque eram poucos os assaltantes. Atacariam casa a casa no início da manhã, quando a maioria já estaria nas roças. Deixaram os cavalos à distância e se aproximaram a pé.

Contornando a primeira casa, estranharam a falta do alerta de galinhas e patos. Não seria possível a uma família manter-se sem aves, mas o galinheiro estava aberto e vazio. E a porta dos fundos da casa igualmente escancarada. Entraram cautelosamente, armas à mão, examinando peça a peça da moradia, que ainda guardava nas camas um resto de calor dos corpos. Mas por todo o lado encontravam os sinais da fuga apressada: gavetas e roupeiros abertos, tudo revirado, utensílios jogados como que descartados à última hora. Nada de valor ficara ali. Avançaram para a segunda casa e para a terceira, colhendo a mesma frustração. A vila teria sido avisada do ataque. Nada transportável de valor ou de utilidade restara para os assaltantes. Panelas, talheres, alguma roupa de criança e mulher, mobiliário, inúteis para si e para seus acampamentos.

Já confiados na ausência de qualquer morador, eles se espalharam pelo povoado, a tentar a sorte improvável nas casas restantes.

Alfredo passou o braço por sobre a cerca, abriu o portãozinho e avançou pelo caminho em direção à casa, silenciosa como as demais.

— Fe-cha-es-se-por-tão! — alguém gritou. Ele gelou. Fora apanhado de surpresa. Girou rapidamente, já com a arma à mão.

Ao erguer-se do canteiro, com raiva do irmão e dos cães que invadiram seu jardim décadas atrás, ela se deparou com um estranho, arma à mão. Com surpresa e ainda um resto de indignação vinda do passado, perguntou-lhe rispidamente:

— O que é isso?!

De modo geral, não confiava em estranhos. Àquele lugarejo, afastado das rotas entre as vilas maiores, somente chegavam mascates e padres. Todo estrangeiro era visto com desconfiança. Imediatamente avisavam a vizinhança sobre sua chegada e dele se precaviam. Mas esse homem não apenas era um forasteiro, como também bandido, a arma apontada para ela. Sentiu um formigamento no estômago ainda vazio, onde provavelmente ele a balearia.

Alfredo assustou-se com a mulher à sua frente, armada com uma foice de mão, olhos ameaçadores como os de uma professora. Não sabia como reagir, uma vez que ela parecia desprezar a capacidade intimidadora de sua arma.

— O que é isso? — perguntara a senhora. Constrangido, ele baixou os olhos e o braço quase escondeu às costas. Mais um pouco e a ela poderia ocorrer mandar-lhe entregar a pistola.

Algumas outras vezes ele estivera nessa situação. A avó o surpreendera com um passarinho recém-esganado, escondido entre as mãos. A mãe o pegou em pleno movimento de levar às costas os bolinhos de arroz que roubara na cozinha. A tia o flagrou espiando as meninas no banho. Ele lembrava, com arrepios, o quanto cada punição lhe custara em cascudos na cabeça, puxões de orelha, bofetadas no rosto, varadas nas pernas e na bunda, pimenta na boca. Mas temia ainda mais as professoras e suas palmatórias, que lhe deixavam as mãos ardidas e inchadas por muitas horas. Ele estava certo de que as mulheres eram capazes de ler seus pensamentos e imediatamente descobrir cada coisa errada que andara fazendo. Nem o padre conseguia arrancar dele o que elas já sabiam de antemão, entrando em sua alma através dos olhos. Por isso, instintivamente desviava o olhar diante delas.

A mulher assustou-se com o movimento do assaltante, que baixara o braço com a arma de fogo. Olhava o facão que ele trazia embainhado junto à perna. A degolaria, como alguém fizera à Alba, encontrada no meio do mato muitos anos antes, violada e retalhada à faca? O homem, de cabeça baixa à sua frente, parecia refletir sobre que tipo de morte lhe dar, antes de invadir sua casa e levar os seus pertences. Ai! Seus pertences, a memória do marido, os registros de sua felicidade! Ah, nisso esses bandidos não tocarão!

— O que vocês vieram pegar? — perguntou ela, olhando para o portão, a perscrutar quantos outros estariam por perto.

O rapazinho vacilou diante da pergunta direta da mulher, vestida com um robe que lembrava o guarda-pó de professora.

— O que vim buscar...? — engasgou com a resposta. A mulher havia voltado o rosto zangado para o portão aberto. Desconcertado, ele recuou dois passos e fechou-o. Mas a pergunta ainda estava no ar e ele sentia que ela olhava-o, inquiridora. Sem jeito, nervosamente mexia no cinturão, acomodava o facão mais para trás. — Umas coisas... — começou. A voz lhe saiu baixa, trancada na garganta.

— Hã?

— Viemos buscar umas coisinhas... — ele quase completou com "nada de importância", para minimizar sua culpa de menino, que sempre tinha na sua conta uma quantidade de atos censuráveis. Mas, por fim, continuou: — ...coisas pequenas.

Chegara seu fim! O sujeito trancou o portão para que ela não fugisse e agora ajeitava as armas. Informou que viera assaltar a casa e roubar-lhe os bens menores — as joias, certamente. As alianças de casamento do finado e de seus pais, a correntinha com que ele a presenteara aos cinquenta anos de matrimônio, dois pares de brincos de menor valor, mas de enorme carga afetiva, dados pelo querido pai, o broche herdado da madrinha em sua distante adolescência. Isso a esgotou. Não, não permitiria que lhe tomassem coisas simbolicamente tão preciosas. A raiva superou o medo.

— Só se me levarem junto — disse ela — E, se é pra morrer, que seja aqui, que é o único lugar onde posso viver.

O rapaz assustou-se. A velha estava muito brava! A situação estava ficando cada vez mais difícil para ele. Ela se colocara diante da porta, empunhando firmemente a foice. Se o atacasse, o que ele faria? Avaliou rapidamente a situação e decidiu desistir. Recuou lentamente, até dar com as costas no portãozinho. Abriu-o e então saiu rapidamente. Mas, antes que ela ordenasse, prudentemente voltou, trancou-o e acelerou o passo para longe daquela megera.

Do alpendre, ela vê o assaltante sair, sem compreender porque a poupou. Ele a amedrontara muito, mas, à distância, nota que é pouco mais que um menino. Por muito tempo, vazia de emoções e pensamentos, ficou parada em meio ao silêncio que retornou ao jardim e ao vilarejo. Distraidamente ajustou a roupa e somente então percebeu que ainda estava com a foice de jardinagem na mão.

Ainda é cedo da manhã e decide entrar para tomar café. Mais tarde voltaria ao jardim para tratar de suas flores.

Um dos companheiros alcançou Alfredo e perguntou o que conseguira pegar de bom naquela casa.

— Lá não tinha nada, não. Fugiram com tudo.

XXIX

A movimentação daquele crescente grupo cobrava muita preparação. Além da tática dos ataques, do conhecimento do terreno e estudo de rotas para ataque e fuga, havia de tratar do apoio à marcha. A característica de movimentação veloz exigia que portassem pouquíssima carga. Portanto, necessitavam, com antecedência, conseguir postos de muda ao longo da rota de ida e retorno, onde manter cavalos descansados para troca, alguma munição, água e alimento. Isso implicaria em manter relações de confiança com comerciantes e moradores do caminho, que servissem de ponto de apoio.

Do mesmo modo, em sua base precisavam manter depósitos para os estoques que não seriam transportados — comida, equipamentos, gado. Quanto mais cresciam, necessitavam de mais pontos de armazenamento, de maior rede de apoio entre comerciantes com armazéns legais. E mais riscos corriam com isso. Inclusive de perda de apoio, de traição.

Essa base estaria em risco se esses peões e comerciantes passassem a temer os guerreiros. A reação de Ulisses aos assaltos derivava-se do medo de que os ataques indiscriminados levassem as pessoas que não tinham porque temê-los a se organizarem contra eles; medo de que isso causasse a perda de apoio dos pequenos e resultasse em seu isolamento; medo de que fossem destruídos por tão pequeno lucro.

Na medida em que representassem ameaça ao povo, o governo teria apoio para jogar suas tropas contra eles, não importa quantos estancieiros, grandes senhores ou políticos fossem clientes dos rapazes.

— Unirão todas as forças contra nós e não dormirão enquanto não nos eliminarem. Temos que definir uma linha de limite pra nós mesmos, antes que isso promova a nossa destruição. O que podemos e o que não devemos fazer. De quem se pode tomar os bens e a quem temos que preservar. Uma norma que nos limite e que todos saibam que, fora disso, não somos ameaça a eles.

Afora as incursões dos rapinadores, as ações do grupo eram quase todas contratadas por gente poderosa. Eram facilmente apresentáveis como de responsabilidade do contratante, ações focais, dirigidas a um alvo específico, às quais os demais grandes senhores e as populações do entorno não precisavam temer, se não estivessem incluídas no mandado de destruição. Eles sabiam que muitas delas eram aplaudidas pelos pobres das proximidades, que temiam e odiavam o objeto do ataque vingador dos guerreiros.

Já os saques a qualquer propriedade tomada ao acaso levavam o pânico a toda gente, não importava se grande ou pequena. Em consequência, todos teriam motivos para temê-los. Todos passariam a exigir e a colaborar para seu extermínio.

— Se assustarmos eles, estaremos unindo todos contra nós. E desejarão nossa morte, pra que acreditem que tudo o mais está salvo.

— Os graúdos que nos contrataram vão impedir que nos peguem.

— Não se iluda, a situação é outra. De nada vai adiantar termos feito trabalhos para os coronéis. Nas campanhas do Sul, as tropas barbarizaram em nome de seus Senhores, como nós, aqui. Mas, depois, os Senhores sentaram com seus iguais, assinaram a paz, perdoaram uns aos outros e voltaram pra suas fazendas, como vizinhos e consorciados. Nós somos e seremos caçados, porque não temos do outro lado com quem fazer a paz entre iguais.

XXX

Agora Rato vivia sua crise. Jamais enfrentara essa situação. Quem foi feito para comer pela mão de outro não pode contestar. A obediência irrestrita faz parte das precondições de sua sobrevivência. Mas ele agora se deparava com o inédito. Havia descarregado seu inferno interior e afrontado o líder. Mas também não desgostava dos elogios e agradecimentos dos outros companheiros por isso.

Sempre esperou ordens. E cumpriu-as criteriosamente, por lembrança das frequentes punições na infância. Acredita mesmo, como lhe dizem, que tem a cabeça grande devido aos muitos cascudos que levou. Não se achava habilitado a decidir por si. Sem família, primeiro obedeceu aos peões mais fortes e aos capatazes dos campos, onde trocava trabalho pela comida do dia. Mais tarde, quando se empregou como homem armado, aos seus cabos e sargentos. Depois, ao líder do grupo, quando os meninos se viram sozinhos após a desmobilização. Por isso seguiu Ulisses, quando os demais o indicaram comandante. A ele entregou sua fidelidade e jamais cogitou que tivesse que a reavaliar.

Porém, nesse momento sentia sua confiança se abalar. O líder, incompreensivelmente, contrariava o grupo. Queria interferir nos projetos dos rapazes, tentava impedir que progredissem. Queria decidir o que podiam pegar para si e o que não podiam. Definitivamente, Rato não precisava mais que alguém lhe dissesse o que fazer e o que não fazer. Podia não compreender nada dos discursos enrolados de Ulisses, mas o que o amigo antigo falava já não tinha nada a ver com ele, nem permitia que melhorasse de vida. Nessa hora, Rato sentia que Ulisses já não o liderava.

Dessa vez, Rato teve que escolher. À noite, o cercaram:

— Estás conosco?

— Hã?

— Ulisses não pode mais liderar.

Era o que Rato pensava. Mas tinha medo da sequência dessa conversa.

— Não sei...

— Pela vontade dele, passaremos a vida inteira fazendo esses trabalhinhos que só nos dão a comida do dia. Meu irmão e eu queremos voltar pra casa e ter o que levar pra começar uma vida de verdade. Onofre tá apaixonado e quer tirar a mulher da zona, casar, criar filhos. Tomás já fez isso e saltou fora.

— Uma cartomante previu que o Bernardo será estancieiro. Precisa de dinheiro. Bibiano quer ser político, voltar pra aquela cidade. Todo mundo está querendo começar a viver, entende?

— O próprio Ulisses está prevendo que daqui a pouco a polícia cairá em cima de nós. Precisamos juntar dinheiro muito rapidamente e largar dessa vida. Vamos viver como gente, ter família, dormir em cima de colchão.

Provaram que eram maioria e estavam absolutamente unidos nesse propósito. Havia um projeto sedutor em contraposição aos princípios do comandante.

— Ou nos tornamos livres pra correr riscos e fazer o que tem que ser feito pra nunca mais voltarmos à miséria, ou aceitamos que vamos viver caçando todos os dias pra comer. Seremos sempre puros e pobres?

Contabilizaram: os que não estavam com eles tinham dúvidas e estavam dispersos. Provavelmente poucos se moveriam em defesa de Ulisses. Avaliavam ter grandes chances de descartá-lo e assumir a direção da tropa.

— Estás conosco?

III ATO

Não raro em minha vida difícil e insensata fui como o nobre D. Quixote, preferindo a honra à comodidade e o heroísmo à razão!

Hermann Hesse,
O lobo da estepe.

XXXI

Os Barbosa eram inimigos dos Ferreira desde que a avó destes rompera o noivado com o avô dos primeiros. Os Azambuja eram inimigos dos Paes há quase o mesmo tempo, por um litígio sobre um pequeno trecho da linha divisória entre suas terras. Os Barbosa eram inimigos dos Paes desde que estes quebraram, sem aviso, o acordo de alternância na Intendência Municipal e aliaram-se aos Pires. Os Ferreira eram inimigos dos Azambuja porque estes os acusavam de terem se atravessado em sua exclusividade de fornecimento de carne no mercado da região serrana e mais de cem cabeças de gado terem sumido ou aparecido mortas. Os Pires incomodavam a todos por sofreguidão de poder — o primogênito era o intendente, o caçula era o promotor da Comarca, o cunhado presidia a Câmara e comandava com mão de ferro quatro quintos de seus votos, desde que alguns jagunços visitaram um a um os vereadores. O padre odiava os maçons e era odiado por eles. E todos eram inimigos dos estrangeiros.

O "turco" Ayad, que havia chegado há pouco, já era dos maiores proprietários de terras de toda a região, comprando fazendas de endividados pela metade do preço, porque podia pagar à vista, em dinheiro vivo do faturamento de duas casas lotéricas. Havia usado os serviços dos guerreiros mais de uma vez para cobrar dívidas. E os riquíssimos Brinchetti, por serem gente de joelhos ralados na terra, sempre tiveram recusados todos os pedidos de associação ao Clube Recreativo Rural, ainda que já fossem os maiores produtores e atacadistas de hortaliças da região.

Por muitos dos anos seguintes os serviçais domésticos de cada um deles comentaram sobre o dia em que seus patrões saíram de casa para se encontrar com "aquela gente". Mesmo que soubessem, por terem ouvido falar através das portas, de suas razões, era uma reunião impensável há cinco, seis meses.

Escolheram o Clube como território neutro. Cuidaram para não se encontrar à porta. Cada qual a seu tempo, dirigiram-se à sala de jogos, onde o padre os recebeu, como mediador ajustado entre todos. Ninguém apertou a mão de ninguém. Tampouco sorriu. Afora os oito homens, apenas uma garrafa de conhaque participou do encontro em que trataram do único interesse comum possível entre eles. O delegado aguardou na antessala.

— Essa tropa de milicianos precisa ser parada.

— Acho difícil. Estão fora de controle.

— O senhor, que já os contratou mais de uma vez, não tem voz ativa com eles?

— Prezado cura, pelo que sei, todos aqui contratamos esses rapazes para algum serviço.

— Então, estão bem representados. Quem tratará com eles?

— Não tem disso aqui. Acordo se faz com iguais. Eles são apenas uns bandidinhos.

— Não são de confiança.

— Já assaltaram, de porta em porta, a vila de minha peonada.

— Estão atacando o povo da minha base eleitoral!

— Isso é que não dá pra admitir. Vieram me oferecer "proteção"!

— Armei o pessoal do meu engenho, depois que uma tropa deles passou sondando lá por perto. Mas tenho pouca gente. Se decidirem atacar, não dá nem pra duas horas de resistência.

— Por mim, não há negociação. A verdade é que cada contrato nosso os engordou de tal modo que se sentem fortes para se estabelecerem em nossa região e nos chantagear.

Atravessariam o dia, se fosse reunião só de queixa. O gringo Brinchetti, que era o único que não tinha empregados armados, lá pelas tantas quis saber o que iriam fazer.

— O que precisamos fazer é determinar ao juiz que mande juntar a polícia de toda a região. E a ela agregaremos nossa gente, com todas as armas que tivermos.

— E convocar também o pobrerio de nossas terras e dos distritos, que anda muito assustado, com medo de perder o que não tem.

— Ou vão embora ou tem guerra.

— Coisa nenhuma. Essa gente tem que ser morta, toda, para que não se multiplique, para dar exemplo. Vagabundo tem que saber que nessa região não tem espaço pra esse tipo de coisa.

— E quando será?

— Padre, mande o delegado entrar.

Quando encerraram a reunião, saíram tão fechados quanto a garrafa de conhaque, sem confraternização, sem despedidas nem sorrisos. Mas decididos a se suportarem para acabar com o atrevimento dos jovens guerreiros.

XXXII

Caminhando sem rumo pelo campo, Bugre teve uma nova epifania. Seu olhar bateu em um grande galho caído. Como lhe acontecia de vez em quando, viu uma cena completa e absolutamente clara nas saliências, nós e veios da madeira. Estava tão evidente que não desapareceria num segundo ou terceiro olhar, mesmo que ele não removesse a casca. Pegou sua lâmina no bornal, afrouxou o cinto, acomodou-se de costas numa árvore e começou imediatamente a retirar o que não fazia parte da imagem.

Rato o encontrou escavando o galho como que em transe. Parado por trás do amigo, viu surgir da madeira a imagem de uma pessoa sentada à margem de um córrego, envolvida por um grupo compacto.

Somente quando terminou, Bugre percebeu a presença do amigo. Olharam-se em silêncio, demoradamente, cada qual tentando descobrir se o outro estava pensando o mesmo. Não se falaram, mas o ar de profunda tristeza denotava que ambos já sentiam os primeiros tremores do desmoronamento de tudo o que os fizera seguros e felizes.

XXXIII

Não houve uma data específica, mas Ulisses soube que seu tempo ali chegava ao fim. Há um limite pessoal que não deve ser ultrapassado, sob risco de causar danos íntimos sem cura, quebrar-se emocionalmente. Daí para a frente teria que admitir o que negava, mentir para si próprio, assumir o cinismo como comportamento. Uma conta na qual o custo ou a dor são maiores que os ganhos ou os prazeres. Ele chegara a esse ponto.

O que faziam já não lhe propiciava o sentimento de liberdade, felicidade, aventura. Já não tinha confiança nos camaradas que o haviam chamado. Não mais se identificava com eles, deixara de sentir-se um dos seus.

Nada mais compensava sua discordância com o caminho que a tropa indicava preferir. A cada decisão, mais se aprofundavam as divergências entre ele e importantes companheiros, que estavam constituindo a maioria.

Melhor desistir e se afastar.

Nas noites tristonhas da solidão, Ulisses lembrava-se da mulher e dos meninos brincando nos escombros da cidade, numa esfumaçada manhã de outono.

No início do grupo, quando ainda havia intimidade entre eles, alguma vez falou sobre isso aos companheiros. Curiosidade masculina, "como é que foi, falaste com ela, teve beijinho?". Riam. Poucos haviam namorado alguém. A vida ainda não lhes dera tempo. No máximo, as rápidas passadas por pequenos puteiros de beira de estrada, sem possibilidades de repetir mulher, querer afagos e beijos diários ou levar a sério quando elas diziam "meu amor", desorientados entre aquelas pernas. Eram meninos nisso, sem experiência em conversar com mulheres, quanto mais vivenciar carinhos e ter os sentidos todos despertos por uma só pessoa, pensamento o dia inteiro em sua busca, entregue totalmente a ela. Assim, as conversas ao pé de fogueiras revelavam muito mais suas curiosidades e fantasias do que narrativas. Contavam sobre imagens fugidias de mulheres avistadas à sua passagem.

Depois começaram a frequentar vilarejos. Tomás e Alfredo ficaram, Onofre queria ficar. Invejavam o estado de paixão dos companheiros, embora rissem deles.

Por isso, a Ulisses afetava a volta, cada vez com maior frequência, da imagem da menina-mulher e os irmãos-filhos, sob um raio de luz a iluminá-los ao centro da fumaça e dos escombros de seu povoado. Uma lembrança que ao mesmo tempo encantava e perturbava. Quisera participar daquele quadro. Desejara ter protegido os meninos da destruição de seu mundo, como ansiara ter sido protegido em muitas noites escuras de guerra sem pai. Abraçá-los, como gostaria de ter sido nas primeiras tardes de fogo cruzado por sobre as trincheiras. E gostaria de ser amado por aquela mulher, potente para cuidar, em meio a uma guerra, que seus meninos pudessem brincar em meio aos escombros do que talvez fora sua própria casa. Uma leoa a cuidar da toca e da ninhada. A fantasia de Ulisses era viver essa ventura. Para ela voltaria todos os dias. Ele, que muito pouco vivera em família, sentia uma falta crescente disso.

— Ainda existirá aquela vila, ainda existirá aquela família, ainda existirá aquela mulher?

Sentia que desejava um amor, o corpo lhe dizia. E o coração pedia a volta a uma família. Talvez por isso andasse em busca de uma razão de vida.

É possível essa ideia de amor materializado em uma pessoa? Quando encontrar alguém será esse amor que se manifestará? Ulisses fervilhava e intuía que seria uma mulher quem lhe daria os motivos que buscava para ter um lugar para onde retornar.

Suas insônias levavam-no embora dali.

XXXIV

Cada um deu-lhe uma estocada mortal, para que se despersonalizasse o ato. Não um; todos o mataram.

Já era tarde da noite, a maioria estava recolhida porque na madrugada retomariam a marcha. Os líderes haviam atravessado o jantar em silêncio e cabisbaixos. Ulisses, perdido entre a profunda decepção com sua vida, o grupo e o desejo de partir em busca de uma paixão, lavou o prato e os talheres e afastou-se do acampamento para urinar. Quando fechava as calças e voltava para o caminho por onde viera, viu os dois que vinham à frente. Companheiros desde a primeira batalha a que presenciaram, ainda meninos, havia oito anos. Nesse momento soube o que iria acontecer, antes mesmo de ver os outros quatro vindo pela beira do rio, às suas costas. Por um lapso de tempo deixara de ser guerreiro e estivera atento apenas às carências de seu coração e não ao seu pulsar. Agora se culpava, ao ver-se apanhado numa circunstância facilmente previsível. Não lutou. Mesmo que, improvavelmente, abatesse aqueles seis, agora as ideias que eles expressavam eram mais fortes que as suas entre a tropa. Estava isolado e vencido. Inútil resistir. Baixou a guarda e esperou os golpes.

Não havia nos assassinos ódio pessoal. Ao contrário, todos amavam Ulisses. A cada um ele manifestara companheirismo e lealdade. E fora retribuído com a mesma intensidade. Todos o teriam querido vivo, mas em outra circunstância, em outro tempo, agora já não. Sua posição ameaçava tanto as escolhas quanto a própria manutenção do grupo.

As respostas haviam sido dadas por seu mestre, muitos anos antes dessa morte, quase a anunciando:

— E quem são nossos inimigos? — perguntou o menino Ulisses.

— Quaisquer que tenham ideias opostas às nossas.

— E os companheiros que têm discordâncias circunstanciais?

— Os que não creem em ti sem questionamentos podem vacilar no momento mais importante. Podem te falhar por suas dúvidas, podem se ausentar por sua falta de lealdade, podem te trair por inveja ou medo. Os que te impedem de vencer favorecem teus inimigos. Trata-os como tal. Destrua-os logo que não mais precises deles. Confia apenas no teu próprio braço e no daqueles que têm somente certezas contigo.

Já há algum tempo Ulisses havia se transformado em adversário dos companheiros. Mas não os atacou quando devia, quando ainda podia derrotá-los. Perdeu o sentido de tempo. Estava habilitado para tal, mas deixou passar a oportunidade. Morreria ele e, provavelmente, morreriam todos. Como não passavam de uma quadrilha sem proteção política, aguardava-lhe a morte. Ninguém engana seu destino.

— Crescemos na violência, fomos adestrados para matar e vamos morrer pelas armas. Quem assim nos fez não cogitou a possibilidade de envelhecermos.

No momento de morrer Ulisses compreendeu o que nunca havia percebido. Nossos Senhores não nos explicaram por que fizemos as guerras deles. Nós somos carne que essa máquina come. Matamos e morremos não para sobreviver. Nem vencemos batalhas para ganhar medalhas. Fizemos isso porque é necessário aos nossos Senhores, aos seus negócios, aos projetos políticos que os garantem. Nos mandaram destruir plantações, arrasar cidades, varrer populações para enfraquecer seus inimigos. Construímos a tiros as circunstâncias para os acordos em mesas de salão. Depois eles voltaram para reconstruir o que destruímos e para vender seus produtos.

Por que ele nunca havia cogitado isso? Acaso algum dos rapazes perguntara a seu Senhor para que fim se movia seu exército? Havia sido temor de ser tratado como criança ignorante? Para que fosse mantido como parte dessa máquina e ter assegurada a proteção, o abrigo, a roupa, ele nunca perguntou por que destruir a esses exércitos e não a outros? Por que ocupar especificamente esse território? Por que são estes os aliados circunstanciais e não os atuais inimigos, ao lado de quem já combateram um terceiro inimigo?

Ou não perguntar fazia parte do contrato?

Quem sabe as respostas a essas e a outras questões tivessem oferecido um objetivo próprio para esse grupelho de rapazes, mais além que comer e amanhecer. À falta de um projeto condutor para suas vidas, viviam apenas o hoje para o dia seguinte, bolando táticas para sobreviver ao dia presente. O dispor de um tempo que não serve para nada, senão em busca de pequenas compensações para suas vidas miseráveis.

E por não haver percebido isso a tempo, Ulisses não foi capaz de conceber uma razão coletiva que os meninos-guerreiros buscassem e que a todos unisse. Não fez as perguntas pertinentes a tempo e não criou um projeto exclusivo deles. Por isso, agora Ulisses iria morrer a pior das mortes nas mãos da tropa: a imotivada, aquela que não proporciona a justificação. Ia morrer porque não propôs uma utopia, um fim a buscar, porque não introduziu a política em seus objetivos. Ia morrer para não atrapalhar o nada.

O primeiro que se acercou, apoiou a mão em seu ombro e disse-lhe gravemente:

— Nossa sobrevivência é mais importante que nossas relações. Mais que nossas vontades. Estamos fazendo nossas vidas não como desejamos, mas como nos é necessário e possível agora.

Talvez para preservar o melhor de suas memórias, talvez para reter a utopia da amizade, talvez para não macular a grandeza momentânea do cinismo, Ulisses não pronunciou a ideia que lhe ocorreu:

— Há coisas mais práticas, mais necessárias, até prazerosas, mas há outras coisas que nos dão honra.

A mão esquerda segurou um Ulisses impassível, enquanto a adaga entrava em seu corpo, rasgando-lhe os tecidos, levando um tanto de vida.

Apenas seu olhar se movia, de um olho a outro do agressor, direto à alma do companheiro que crescera com ele em campos de luta. Este o beijou e afastou-se um passo para o lado para que o segundo repetisse seu gesto, já lhe evitando os olhos. E o terceiro. O quarto. O quinto. O último, enfim. Não haverá inocentes. É necessário que cada um saiba-se autor dessa morte. Mesmo quem foi contra a execução deve ser solidariamente culpado. Todas as mãos devem ser embebidas no sangue do guerreiro. Um a um enfiaram-lhe a adaga até que o punho lhe tocasse o peito, e beijaram-no, abraçados a ele, empapando-se do sangue do amigo.

Seu sangue, escorrendo para o solo, penetrando na terra, finalmente o enraizaria em algum território. Teria ali, onde também seus ossos se pulverizariam, a Ítaca que não buscou.

A última imagem que lhe ficou foi o afastamento dos executores, punhais escorrendo seu sangue, lágrimas nos olhos.

O sorriso da menina-mulher para as crianças, o amor que não viveria.

E o silêncio.

XXXV

Dias após, reapareceu a aranha. Os vigias a perceberam ainda à distância, em disparada na estrada, levantando muita poeira. Quando conseguiram pará-la, viram que trazia de arrastro restos estraçalhados de Onofre, amarrado em tiras de linho que um dia já tinha sido branco. Enfiados no maleiro, o corpo de Luciano, com duas facas cravadas em seu tórax, os cabos trabalhados em prata e ouro.

Os líderes chamaram todos. Bernardo não se apresentou. Sua barraca estava vazia, sem qualquer sinal dele ou de sua bagagem. Somente ele e Ulisses sabiam quem era o comerciante que guardava os valores da tropa, na cidade. Precisavam encontrá-lo, rapidamente.

Mandaram chamar Atilhano, para organizar uma expedição de caça ao intendente. O rapaz que foi buscá-lo o encontrou roxo, olhos esbugalhados, punhos amarrados aos pés, morto por sufocamento, causado por uma calcinha feminina socada na garganta.

No caminho de acesso ao grotão onde os guerreiros se acoitavam, encontraram Miguel e Rafael enforcados, com as mãos decepadas, como na lei islâmica.[1]

---

1   Referência ao sistema jurídico do Islã, a Sharia. O conjunto de leis é rígido e, em alguns casos, há punições severas.

Amarrado ao pescoço de todos eles, um pequeno crucifixo lavrado em madeira.

Antes que o dia clareasse, o acampamento foi cercado pela polícia, jagunços e peões da maioria das fazendas da região, seguidos por uma multidão de voluntários da cidade que não queriam perder o que ter para contar.

Com todas as saídas fechadas, a tropa avançou. Não houve sobreviventes. Só escaparam da chacina dois rapazes, que haviam fugido na noite anterior, cada qual a seu tempo.

XXXVI

Quando Ulisses foi morto, rompeu-se o único elo que ainda dava significado e prendia Rato a alguém. Sentiu-se liberto de todo o mando e de toda a violência que sofrera e que praticara.

Nos sacos que carregou, atravessados sobre as ancas dos dois cavalos que levou como seus, transportou os bens que juntara nessa vida quadrilheira. E algumas outras coisas de significado exclusivamente afetivo. Levava a caixinha de sua infância, com o pente, o pião, a fivela de cinto, um pedaço de pedra de amolar, uma colher e um garfo. Mas agora havia também uma moeda de ouro e uma miniatura de laço que recentemente trançara com uma sobra de couro novo. Isso valia mais do que as joias que carregava em outra caixa, maior que essa. Com sua Pietá por dentro da jaqueta, junto ao peito, montou, emancipado de todas as hierarquias.

Antes que percorresse dois quilômetros, encontrou Bugre, que o esperava numa quebrada.

Apeou para abraçá-lo e sentiu abaixo da orelha a ardência do que agora aprendia ser o efeito de um punhal rasgando seu pescoço de um lado a outro.

A última coisa que ouviu foi a voz do amigo, sumindo, sumindo, sumindo:

— Vocês acabaram com a obrigação à lealdade.

AGRADECIMENTOS

Anelise Neu
José Édil de Lima Alves
Raul Ellwanger

Este livro foi composto com fonte tipográfica Cardo
11pt/15pt e impresso sob papel pólen natural 80g/m^3
pela gráfica Nossa Impressão para a Editora Coragem
no outono de 2023.

A Arte de "Fazer"
Mestrado e Doutorado